超高齢社会における高齢者介護支援

三原博光
［監修］

新井康友
原田由美子
［編著］

関西学院大学出版会

超高齢社会における高齢者介護支援

監修者から出版に向けて

　監修者は、2013年9月に関西学院大学出版会から責任編者として「豊かな老後生活を目指した高齢者介護支援」を多くの若手福祉研究者と出版した。この著書では、高齢者の健康、心理、余暇支援（音楽、レクリエーションなど）、介護技術など、主に高齢者介護の具体的の支援問題が中心に取り上げられた。これに対して、本書では、高齢者福祉政策・施策・介護財政・介護サービスなどの問題が多くの若手研究者によって取り上げられており、本書を通して、マクロな視点から、わが国の高齢者福祉政策・施策・介護サービスの実情・将来の方向性を知ることができる。つまり、本書は、前年度出版された「豊かな老後生活を目指した高齢者介護支援」と姉妹関係書であり、この2冊を通して、読者はわが国の高齢者介護支援の全体像を把握することができると言える。

　高齢者福祉施設や在宅の現場で、高齢者の日々の食事、排せつ、入浴などの介護に追われている施設職員や家族の方々は、国全体の高齢者福祉政策・施策における介護財源問題、介護サービス従業者の労働問題などについて認識する機会は少ないのではないかと思われる。そこで、本書は、現場で直接、高齢者介護の重みを体験されている施設職員、家族の方々に対して、介護現場の問題点を含めた高齢者福祉政策・施策における介護財源問題、介護サービス従業者の労働問題の問題点や方向性を示唆してくれると考える。

　わが国は先進諸国のなかでも、急激に高齢社会を迎えている。この高齢社会の問題に対応するために、2000年には高齢者介護の福祉サービスの充実と介護の社会化を目指し、公的介護保険制度が確立され、様々な在宅福祉サービスが提供され、多くの国民はこの新しい制度による福祉サービスを期待した。また、1989年「社会福祉士及び介護福祉士法」が成立し、社会福祉士・介護福祉士の国家資格制度が確立された。そして、全国各地にこれら専門家養成のための教育機関（専修学校、短期・4年生大学）が開設され、福祉の援助を求める人々のニーズに専門的に応えるために、多

くの若者達が希望と夢を持ち、養成校に入学した。このような社会福祉施策の動向を見る限り、日本の社会福祉施策が欧米先進諸国の社会福祉施策と遜色しないように見える。しかし、現実には高齢者虐待・殺人・心中・孤独死、社会福祉施設の低賃金と過重労働による職員の慢性的なマンパワー不足、社会福祉士・介護福祉士養成校の定員割れによる学科・学校閉鎖などの問題がマスコミなどを通じて報道され、多くの国民は、わが国の将来の高齢者福祉に対して失望していると言わざるを得ない。ただ、多くの国民がわが国の高齢者福祉施策に失望し、国の行政機関を単に批判しただけでは、高齢者の介護問題を抱える家族や施設職員にとっては、現実は何も変わらない。重要な点は、これから老後を迎える、現在老後を迎えている高齢者の老後生活を充実させるための環境作り、あるいは、施設や在宅で寝たきり高齢者や認知症高齢者の介護者の介護負担を軽減させるための施策が検討され、最終的に現場の介護問題が国の高齢者福祉施策・政策に反映されることにある。その意味で、本書は、21世紀のわが国の高齢者福祉政策・施策に重要な示唆を与えてくれるものであると監修者は確信する。

　　　2014年7月吉日

　　　　　　　　　　　　　　　　　　　　　　　三原博光

はじめに

　我が国は、超高齢、大介護、大量死の時代を迎えた。2000年4月に「介護の社会化」を標榜して導入された介護保険制度が施行されて14年になるが果たして介護の社会化は進んだのであろうか。
　高齢化率は、地方に比べて低いものの高齢者の実数が多い大都市において介護をめぐる問題が頻発している。高度成長期に都市に流入した金の卵と言われた人たちが高齢化し、今や東京23区では1日平均10名を上回る孤立死が発生していると言われている。あるいは居場所とケアを求めて都外の見知らぬ土地にある施設に収容されて人生を終わる人たちもいる。このように急速に進行する高齢化は、要介護者の増加をもたらし、財源の確保や介護人材の確保など、ますます大きな政策課題となっている。
　そして、まさにこの時期に、介護の社会化とは真逆のニュースが流れた。「認知症で徘徊、遺族の賠償減額」という二審の判決報道の見出しに一瞬眼を剝いた人は少なくないのではないか。当時91歳の「要介護4」と認定されていた男性がJRの駅の構内で列車にはねられた。介護していた「要介護1」の妻がついうとうとしている間に抜け出して事故に遭った。妻の監督責任を問い、約350万円に減額したものの、賠償を命じた判決である。
　このような社会状況にあっては、老いることはあたかも価値のない負担ばかりが増大することであり、要介護状態になることへの虞から、いつまでも若く健康でなければという思いにとらわれる人が多いと思われる。「ぴんぴんころり」という冗談のような言葉が一般化していることも笑えない事実である。しかし、80歳を過ぎれば何らかの介護を必要とする人の割合が増加し、150年生きれば殆どの人が癌になるといわれている。誤解を恐れずに言えば、避けがたい病や認知症になることは意に染まぬ不運ではあるが、すべての場合が不幸ではない。不適切な状況に置かれることが不幸なのではないだろうか。金がなくても、身寄りがなくても、認知症になっても、十分な医療と適切な介護があり、住み慣れた地域で孤立せずに最晩年を送ることができ、苦しみのない死を迎えることができるとするならば、

それは幸せな老後であり、穏やかな死である。一番ヶ瀬康子氏の「介護保障は人権保障の総仕上げである」という言葉に異論を唱える人はいまい。

　本書は、このような社会状況を背景として、高齢期の介護保障に関する諸課題を取り上げた。我が国の介護保障の柱となる介護保険制度の財源を冒頭で取り上げ、在宅や施設での介護実態と支援システムについて概観し、制度を支援する情報システムについて述べ、サービスの供給システムや介護の担い手の現状と課題を掘り下げ、人生の最晩年におけるケアと安らかな死を迎えるための医療・介護の役割と実践について論じた。また、緩やかに高齢化が進んできたとはいえ先進諸国においては、いずれの国においても介護問題は大きな課題となっている。その中で、本書では、フランスの介護事情について述べている。

　本書が超高齢社会の介護保障の現状と課題について理解するための一助になれば幸甚である。

　2014年8月

　　　　　　　　　　　　　　　　　　　　　　　原田由美子

目　次

監修者から出版に向けて ……………………………………… 3
はじめに ……………………………………………………… 5

第 1 章　保険財政と介護・医療の連携 ……………………… 11
　1　日本の社会保障と財政　11
　2　介護保険財政の現状　12
　3　医療保険財政の現状　14
　4　介護と医療の財政を支える医療福祉現場の課題　15
　5　総括　18

第 2 章　高齢者の在宅介護の現状と課題 ……………………… 21
　1　はじめに　21
　2　在宅福祉サービスの現状　22
　3　在宅介護を必要とする高齢者の現状と課題　24
　4　都市部の単身の低所得高齢者の実情　27
　5　高齢者の在宅介護の展望　29

第 3 章　施設介護の現状と課題 ……………………………… 35
　1　施設（入所・居住、長期ケア）の概要　35
　2　施設介護の特性　39
　3　おわりに　45

第 4 章　地域包括支援センターの現状と高齢者の生活実態 …… 51
　1　はじめに　51
　2　地域包括支援センターの概要　52
　3　地域包括支援センターの現状　54
　4　地域包括支援センターが対象とする高齢者の生活実態　57
　5　おわりに　61

第5章　超高齢社会における老老介護の現状と課題……… 65

1　はじめに　65
2　老老介護の現状と課題　66
3　事例　67
4　事例のまとめ（高齢者の生活の質と生きがい）　78

第6章　介護分野における情報の流れと情報システムの検討 …83

1　はじめに　83
2　介護における情報化の必要性　84
3　介護分野における情報の流れ　85
4　高齢者からの情報収集　89
5　高齢者のユーザーモデル化とその活用　91
6　おわりに　94

第7章　介護サービス供給主体の多様化と介護ビジネスの動向 ……………… 99

1　はじめに　99
2　介護サービス供給主体の多様化　99
3　民間企業の介護ビジネスへの参入動向　104
4　介護ビジネスの市場動向　108
5　介護ビジネスの経済効果と将来性　113

第8章　介護従事者における非正規雇用の課題 ………… 119

1　はじめに　119
2　介護事業所と介護従事者の動向　120
3　専門職としての福祉職　122
4　ホームヘルパーの働き方とパートタイム雇用　124
5　ホームヘルパーの処遇改善への試み　126
6　おわりに　127

第9章　介護サービス供給における自治体間競争とソフトな予算制約 ………………… 131

1　はじめに　131
　　2　福祉競争とソフトな予算制約　132
　　3　介護サービス供給における補助金政策の効果　134
　　4　おわりに　143

第10章　行動変容技術による認知症高齢者の被害妄想の表現の減少する取り組み …………………… 147

　　1　はじめに　147
　　2　高齢者の行動変容の必要性　153
　　3　高齢者介護における行動変容技術の利点　155
　　4　課題　156

第11章　高齢者のエンドオブライフケア …………………… 159

　　1　高齢者のエンドオブライフケアの特徴　159
　　2　一般病棟における高齢者のエンドオブライフケア　167
　　3　緩和ケア病棟における高齢者のエンドオブライフケア　172
　　4　介護老人福祉施設におけるエンドオブライフケア　182
　　5　在宅における高齢者のエンドオブライフケア　190

第12章　フランスの介護事情 ………………………………… 203

　　1　はじめに　203
　　2　要介護期の居住の場　203
　　3　高齢者在宅福祉政策の発展と展開　204
　　4　サービス利用補助制度としての公的介護手当　208
　　5　介護の担い手　214
　　6　介護哲学・技法としての「ユマニチュード」　216
　　7　おわりに　219

おわりに ……………………………………………………………… 225
索　引 ………………………………………………………………… 226

第1章　保険財政と介護・医療の連携
―― 現場は保険制度を支えられるのか

1　日本の社会保障と財政

　日本において社会保障制度とは何かを示すものとして、1950（昭和25）年の社会保障制度審議会による勧告をあげることができる。この勧告には、「社会保障制度とは、疾病、負傷、分娩、廃疾、死亡、老齢、失業、多子その他困窮の原因に対し、保険的方法又は直接公の負担において経済保障の徐を講じ、生活困窮に陥った者に対しては、国家扶助によって最低限度の生活を保障するとともに、公衆衛生及び社会福祉の向上を図り、もってすべての国民が文化的成員たるに値する生活を営むことができるようにすることをいう」と明記されている。

　この勧告にもあるとおり、日本の社会保障制度の設計は、大きくは社会保険方式（保険的方法）と税方式（直接公の負担）に分類することができる。どちらの方式にせよ、基盤となるのは憲法第25条の生存権保障を具現化することにあるといえる。税方式では生活保護制度（公的扶助制度）がある。近年、この生活保護制度において、生活保護受給世帯の増加をいかに抑制していくかが課題となっている。もちろん生活保護制度は国民生活におけるセーフティネットの機能を果たすものである。

　しかし、国民の日常生活全般でみると、日本の社会保障制度の主軸は社会保険方式となっているといえる。周知の通り、公的な社会保険制度は民間保険のように、その財源が加入者が支払う保険料のみによって運営されているわけではない。日本の公的な社会保険制度は被保険者からの保険料と公費の組み合わせによって運営されている。よって、近年の社会保障給付費の増加は、国民の生活を支える重要な制度であることを示す一方で、

国民の経済的負担を大きくする指標にもなるといえる。

　本章では社会保険制度における財政上の課題に注目しつつ、介護保険制度と医療保険制度を取り上げている。2014年4月からは社会保障制度の維持を目的に消費税率が8％に引き上げられた。さらに2014年6月には「地域における医療及び介護の総合的な確保を推進するための関係法律の整備等に関する法律」（医療介護総合推進法）が成立し、医療・介護制度の仕組みが大きく変わろうとしている。まさに持続可能な社会保障を再構築していくための財政基盤の強化と給付抑制を図るものである。今後は同年7月に設置された医療介護総合確保促進会議において具体的な改革案が示されていくことになる。

　こうした中、給付抑制を図り、在宅医療および在宅療養を促進していくために鍵となるのが地域包括ケアである。この地域包括ケアを実現する上で中心となるのが介護・医療の連携である。2013年の社会保障制度改革国民会議報告書の中でも「医療機能の分化・連携を強力に進めていくことが必須であるが、その改革の実現のためには、在宅等住み慣れた地域の中で患者等の生活を支える地域包括ケアシステムの構築が不可欠である」と述べられている[1]。次項以降、介護保険財政および医療保険財政の現状を捉えつつ、地域包括ケアの構築に向けた医療と介護の連携の課題について考察する。

2　介護保険財政の現状

　総務省統計局による人口推計では、2014（平成26）年2月現在における我が国の総人口は127187千人であり、前年度同年に比べ240千人（0.19％）減少している。年齢別で見てみると、0歳から14歳は158千人減少、15歳から64歳までは1173千人減少しているのに対し、65歳以上は1106千人増加している。さらに今後は少子高齢化とともに人口減少社会へと突入していくことになる。これは介護保険被保険者が増加し、社会保障の担い手である生産年齢人口が減少していくことを示している。

　実際のところ、厚生労働省「介護保険事業状況報告」によると、介護保

険の第1号被保険者数は本制度施行時の2000（平成12）年は2242万人から2011（平成23）には2910万と10年で668万人（29.8％）増加している。要介護認定者数（要支援を含む）は2000（平成12）年の2562千人から2010（平成22）年には5062千人と2500千人（97.6％）増加している。サービス受給者数は2000（平成12）年の184万人から413万人に増加している。

2013年度予算ベースによる市町村の介護保険財政をみてみると、介護給付費の総額は8兆7499億円である。これは前年度当初予算と比較して、4991億円（6％）増加している。その内訳は、第1号保険料（平均21％）が1兆8375億円、第2号納付金（29％）が2兆5375億円で保険負担（50％）は4兆3749億円になる。残りの公費負担（50％）は国からの調整交付金（5％）が4375億円、国の負担金（居宅20％、施設等15％）が1兆5706億円、都道府県（居宅12.5％、施設等17.5％）が1兆2731億円、市町村（12.5％）が1兆937億円で合計4兆3749億円となっている。

介護保険が被保険者の支払う保険料とサービス利用時に支払う利用料のみで賄われ、かつ確実に保険料が徴収されるのであるならば財政上問題は生じない。しかし、周知の通り、実際には介護保険財源の50％は公費で賄われている。それでも65歳以上が支払う保険料（全国平均）だけみても、第1期（2000-2002年）が2911円であったものが第2期（2003-2005年）は3293円と13％増、第3期（2006年-2008年）では4090円と24％増、第4期（2009-2011年）には4160円で1.7％増、さらに第5期（2012-2014年）には4972円で20％増となっている。これに月々の介護サービス利用料が加えられたとして、被保険者の経済的負担は大きなものとなる。今後は介護サービス利用料の一部2割負担も発生していくことを鑑みて、実際にこの保険料を支払っていくことが可能であろうかという問題が被保険者側にも出てきているのである。つまり、保険料の滞納や介護サービスの利用抑制等の問題が危惧される。

さらに、制度対象外の39歳以下の国民も間接的に費用を負担し、制度を支えている。制度対象者の増加によって、サービス利用量が増加すれば、当然、介護保険の総費用が増加し、公費負担額も増加することになる。一方、公費負担部分で費用負担している世代の人口は減少していくとなれば、

1人当たりの公費負担額も増加することを意味している。

3 医療保険財政の現状

厚生労働省の「平成23年度国民医療費の概況」[2]によると2011（平成23）年度の国民医療費は38兆5850億円、前年度の37兆4202億円に比べ1兆1648億円（3.1％）の増加となっている。国民1人当たりの国民医療費は30万1900円、前年度の29万2200円に比べ3.3％増加している。この統計を始めた当初の1955（昭和30）年度の国民医療費は2388億円だったが、1990（平成2年）年度には20兆6074億円となり、その9年後の1999（平成11）年度には30兆円を超え、30兆7019億円となっている。増減率でみても2000（平成12）年度には介護保険制度が導入され、前年度に比べ5601億円（1.8％）減少したが、この年度以外では、2002（平成14）年度と2006（平成18）年度に微減した程度で、ここ数年は3％程度で増加している。

2011（平成23）年度の国民医療費を制度区分別にみると、公費負担医療給付分は2兆7931億円、医療保険等給付分は18兆3360億円、後期高齢者医療給付分は12兆2533億円、患者等負担分は5兆85億円、軽減特例措置は1941億円となっている。対前年度増減率をみると、公費負担医療給付分は6.0％の増加、医療保険等給付分は2.5％の増加、後期高齢者医療給付分は4.8％の増加、患者等負担分は0.1％の減少、軽減特例措置は3.7％の増加となっている。

同年度、国民医療費を年齢階級別にみると、0-14歳は2兆4835億円、15-44歳は5兆1258億円、45-64歳は9兆5261億円、65歳以上は21兆4497億円となっている。実に国民医療費の55.6％は総人口の2割強足らずである65歳以上の高齢者によって占められている。人口1人当たり国民医療費をみると、65歳未満は17万4800円、65歳以上は72万900円となっており、65歳以上の高齢者は65歳未満の4倍以上の医療費が必要となっている。人口1人当たり国民医療費の対前年度増減率をみると、65歳未満は3.2％の増加、65歳以上は2.6％の増加となっている。

同年度、国民医療費を財源別にみると、公費負担は14兆8079億円で構成割合は38.4％となっている。うち国庫は10兆307億円、地方は4兆7772億円である。公費負担は前年度と比べ5517億円（3.9％）増加している。保険料は18兆7518億円で構成割合は48.6％、うち事業主負担は7兆7964億円、被保険者負担は10兆9555億円となっている。保険料は前年度と比べ6199億円増加している。また、その他は5兆252億円で構成割合は13.0％、うち患者負担は4兆7416億円となっている。患者負担は前年度と比べ157億円（0.3％）減少している。

4　介護と医療の財政を支える医療福祉現場の課題

　厚生労働省の推計では、2030年における死亡場所別、死亡者数の年次推移と将来推計として、医療機関では約89万人、介護施設では約9万人、自宅では約20万人、その他が約47万人とされている。同資料を説明する過程で厚生労働省保険局医療課長は「いろいろ、あまあまに算定して」と表現していることからも、この推計数値が最低ラインであることがうかがえる[3]。つまり、この推計自体の実現がかなり難しい、厚生労働省の政策的な数値目標と捉えることができる。

　厚生労働省としては、今後、高齢化に伴い死亡者数が増加しても、医療機関での看取り数をあげるようなことはできるかぎり避けたい。そうするには自然増の高齢者を医療機関以外のどこかに振り分けていかなければならない。病院のベッド床数はなるべく増やさずに入院患者の形態を分類し、医療依存度の低い患者は介護保険施設等を受け皿に対応し、併せて、在宅医療や在宅介護等の提供体制を強化することで在宅での受け皿も増やしていこうというものである。今後もこれまで通りに患者は病院を訪れ、入院後に行き場を失った高齢者にどのようにして退院を迫るのか。政策を紙面に描くことができても、現場の相手は行き場を失った人間である。イメージどおりに退院が促進できるものであろうか。まずは退院先の環境整備、そして医療機関を訪れる市民の意識そのものを変革していかなければ、医療機関での看取り者数は今後も増加していくのではないだろうか。しかし、

仮に上手くいったとしても、精一杯（厚生労働省のあまあま）に見積もって、介護施設での看取り数は2倍程度、在宅での看取りを1.5倍程度であり、なお約47万人があぶれてしまうのである。

厚生労働省の「平成23年受療行動調査」において次のような結果が出ている。[4] まず入院患者の今後の治療・療養の希望については51.7％の者が「完治するまでこの病院に入院していたい」と回答している。そして、「自宅から病院や診療所に通院しながら治療・療養したい」は23.4％にとどまっている。「自宅で医師や看護師などの定期的な訪問を受けて治療・療養したい」は3.0％と極めて低率な結果となっている。これは国民の医療に対するニーズと国が進めたい病院の機能分化による退院促進と在宅医療への移行とのあいだで乖離が生じていることを表す結果となっている。健康であれば住み慣れた在宅で住み続けたいと思う一方で、病気で入院すれば完治するまで病院で療養したいという意識がわが国での多数派の意識といえる。まずは在宅でも療養できるという意識を抱ける環境づくりが重要となる。

では、国民の意識が変われば在宅が看取りの受け皿となることは可能なのであろうか。そこで求められるのが地域包括ケアシステムの構築である。なかでもマンパワーが重要な柱として機能するために必要なのが医療と介護の連携促進である。

ではどのような条件が揃えば自宅療養への見通しがつくのであろうか。同調査での「自宅療養を可能にする条件（複数回答）」についての質問に対する回答上位三つは、「入浴や食事などの介護サービス（44.9％）」「家族の協力（38.6％）」「医師、看護師などの定期的な訪問（29.0％）」となっている。

以下では、上記3条件についてマンパワー確保の視点から考察し、医療と介護の連携の課題について明らかにする。国立社会保障・人口問題研究所による日本の世帯数の将来推計では、今後は一般世帯が減少し、世帯主が65歳以上の世帯が2005年の1338万世帯から2025年では1843万世帯に増加、なかでも単独世帯が2005年の386万世帯から2025年では680万世帯、夫婦のみ世帯は2005年の470万世帯から2025年では609万世帯に

増加していくと見込まれている。このことからも、そもそも家族の協力が困難な世帯がより一層増加することがうかがえる。入院患者に対して、退院の許可が出た場合の自宅療養の見通しについての調査では「自宅で療養できる」は52.4%、「自宅で療養できない」は28.5%となっている。「自宅で療養できない」と回答した者の自宅療養を可能にする条件をみると、「入浴や食事などの介護が受けられるサービス」が44.1%と最も多く、次いで、「家族の協力」が38.6%、「療養に必要な用具（車いす、ベッドなど）」が31.2%となっている。

　また、近年では医師不足、看護師不足は深刻となっている。そんな中、在宅療養の中核を担うべく在宅療養支援診療所の設置が進んでいるが、実際に1年に1人以上を看取った診療所は半数足らずにとどまっている[5]。在宅での看取りが大きく進んでいるとは言いがたいのが現状である。次に在宅医療における看護師の確保も困難となっている。そもそも看護師が在宅医療での就業に消極的なのである。毎年6万人程度に看護師免許が交付されながら、その約8割は病院に就職する。看護系大学学生の卒業後の進路希望として「訪問看護事業所への就職希望」の候補としては複数回答でも2割に届かない[6]。

　次に介護サービスを在宅で担う訪問介護員についてみてみる。厚生労働省「介護サービス施設・事業所調査」、「医療・介護に係る長期推計」によると、確かに介護職員は介護保険施行時の2000年の55万人から2012年では149万人と倍以上に増えている。2025年には237万人から249万人が必要と見込まれている[7]。しかし、現段階で介護労働者の不足の状況が続いている。介護労働安全センターの調査によると、「大いに不足」と「不足」と「やや不足」を合計すると、全体で57.4％が不足感を感じており、不足感が最も高いのが「訪問介護員」で67.9％となっている[8]。2008年からの経済連携協定により、インドネシア、フィリピン、ベトナムからの看護師・介護福祉士候補者の受け入れが進められているが具体的な結果が見えるにはまだまだ時間が必要であろう。

　現時点で既に過不足が指摘されているマンパワーを今後の少子化社会において、今以上に確保することは困難といえる。

5　総括

　介護保険制度ならびに医療保険制度は国民の生活を支える重要な社会保障であり、市民の生活にとって各々は一体的な関係にあるといえる。現在、この両者とも、増加し続ける給付費を賄うための財源が追いつかなくなっている。両制度を持続していくためには財源を確保するだけでなく、制度の仕組み自体を変え、効率的運用と給付抑制を図ることで財政的な安定運営を目指す改革が必要となる。その改革の方向性は「高度急性期から在宅医療・介護までの一連のサービスを地域において総合的に確保することで地域における適切な医療・介護サービスの提供体制を実現し、患者の早期の社会復帰を進め、住み慣れた地域での継続的な生活を可能とすること」にある[9]。

　しかし、この改革を実現していくために医療・介護の現場に携わるマンパワーの確保が極めて重要となる。しかし、この確保が実現困難な課題となっている。特に介護現場におけるマンパワー不足の解消がこの改革の大きな鍵となるのではないだろうか。

　団塊の世代が後期高齢者を迎える2025年まであと約10年しかない。国が進めようとする病床の機能分化・連携、在宅医療・介護の推進、医師・看護師等の医療従事者の確保・勤務環境の改善、地域包括ケアシステムの構築など、医療・介護サービスの提供体制改革は急務の課題といえる[10]。

[引用文献]

1) 首相官邸ホームページ（2013.8.6）社会保障制度改革国民会議　社会保障制度改革国民会議報告書.
　　http://www.kantei.go.jp/jp/singi/kokuminkaigi/,2014.8.1
2) 厚生労働省ホームページ，平成23年度国民医療費の概況.

http://www.mhlw.go.jp/toukei/saikin/hw/k-iryohi/11/index.html,2013.11.4
3) 厚生労働省ライブチャンネル〔USTREAM〕(2012.3.5) 平成24年度診療報酬改定説明会（医療課長説明）．
http://www.mhlw.go.jp/douga/ustream.html,2013.9.1.
4) 厚生労働省ホームページ (2013.2.26) 平成23年受療行動調査（確定数）の概況．
http://www.mhlw.go.jp/toukei/saikin/hw/jyuryo/11/kakutei.html,2014.8.1
5) 中央社会保険医療協議会総会（2011.10.5）第198回資料総論：入院・外来・在宅医療について．
6) 中央社会保険医療協議会総会（2011.1.21）第185回資料6-2参考——医療介護の連携について，p. 17.
7) 社会保障審議会介護保険部会（2013.6.6）第45回資料4 介護人材の確保関係．
8) （財）介護労働安定センター（2013.8.16）平成24年度介護労働実態調査．
9) 医療介護総合確保促進会議（2014.7.25）地域における医療及び介護の総合的な確保について（参考資料），p. 9.
http://www.mhlw.go.jp/stf/shingi/0000052249.html,2014.8.20
10) 前掲9）．p. 44.

[参考文献]

伊藤周平（2008）介護保険法と権利保障．法律文化社．
厚生労働省編（2013）平成25年版厚生労働白書——若者の意識を探る．日経印刷株式会社．
厚生労働統計協会編（2013）国民の福祉と介護の動向2013/2014．厚生労働統計協会．
厚生労働統計協会編（2013）保険と年金の動向2013/2014．厚生労働統計協会．

※本研究はJSPS科研費基盤研究(C)「医療から福祉へと繋ぐ『がん末期包括ケアシステム』のモデル構築」（26380832, 代表：武田英樹, 2014～2016年度）の研究成果の一部である．

第2章 高齢者の在宅介護の現状と課題

1 はじめに

　長寿は喜ばしいことであるが、高齢者の介護問題は新たな社会問題となっている。戦後、高度成長期に入ると、感染症による死亡が激減し、疾病構造の変化にともなって、慢性疾患の増加により疾病が長期化した。また、核家族の増加と単身高齢者および高齢者夫婦世帯の増加による家族機能の低下は、在宅介護の受け皿の減少をもたらし、社会的入院を増加させた。そのため、増大する医療費の抑制といった国の要請と高齢者の側からすれば、住み慣れた地域で要介護状態になっても暮らしたいという要望によって、新たな高齢者介護のシステムが求められるようになった。在宅福祉の推進は、当事者や当事者家族にとっての願いであると同時に国の重要な政策課題であった。

　一方急速な高齢化が進行するなか、市町村の基盤整備が進まないことや新たな財源確保のために社会福祉基礎構造改革の一環として1997年に介護保険法が成立し、2000年から導入された。これにより、高齢者の介護保障の大部分は介護保険制度に移された。介護保険制度は、「介護の社会化」を掲げ、在宅福祉の推進を柱としており、在宅福祉の基盤整備が求められることになった。

　本章では、高齢者の在宅介護サービスや生活問題としての介護問題の実情を明らかにするとともに、高齢者が住み慣れた地域で生活するために必要な在宅介護について考える。

2　在宅福祉サービスの現状

(1) 地域に根差した在宅サービス

　2006年の介護保険法の改正により新たに地域密着型サービスが導入された。これら地域密着型サービスのうち、小規模多機能型居宅介護は、通所サービスを中心に、訪問介護、ショートステイの三つの機能を組み合わせたものである。利用者は、デイサービスに通い、通所できない場合は訪問介護が対応し、介護者が介護できないときなどにはショートステイを活用するといった柔軟な組み合わせで、利用者と介護者のなじみの関係を大切にしたサービスである。

　また、予防重視を目標の一つに挙げ、「地域支援事業」が創設された。さらに、相談からサービスの調整まで行う「地域包括支援センター」(第4章参照)が拠点として位置付けられた。

　2011年の改正による「介護サービスの基盤強化のための介護保険法等の一部を改正する法律」(2011年6月22日改正)においては、「医療と介護の連携の強化」を掲げ、①地域包括ケアの推進、②日常生活圏域ごとの地域ニーズや課題の把握を踏まえた介護保険事業計画の策定、③単身・重度の要介護者等に対応できるよう、24時間対応の定期巡回・随時対応サービスや複合型サービスの創設、④保険者の判断による予防給付と生活支援サービスの総合的な実施、在宅福祉施策ではないが、⑤介護療養病床の廃止期限(平成24年3月末)を猶予、が挙げられた。地域密着型サービスは表2-1のとおりである。

　単身高齢者世帯および高齢者夫婦世帯の増加は、今後も拍車がかかることが予測されていることから、医療と介護の切れ目のない連携が求められている。しかし、現状の介護保険制度では、介護者がいなければ在宅介護の継続は困難である。そのため、基盤の整備と地域包括ケアの推進は最重要課題といえる。

表 2-1 地域密着型サービス

介護給付	サービスの概要	予防給付
認知症対応型共同生活介護（グループホーム）	認知症である高齢者が共同生活を営む住居で、介護その他の日常生活上必要な世話や機能訓練を行う	介護予防を目的として、要支援2のみ認知症の利用者が入居し、食事、入浴、排泄等の介護やその他の日常生活上の世話を提供
認知症対応型通所介護	認知症である高齢者を老人デイサービスセンター等で、介護その他の日常生活上必要な世話や機能訓練を日帰りで行う	介護予防を目的として、通所により食事、入浴、排泄等の介護やその他の日常生活上の世話を行う
小規模多機能型居宅介護	小規模な住居型の施設で、通いを中心としながら訪問、短期間の宿泊などを組み合わせて、日常生活上必要な世話や支援を行う	介護予防を目的として、居宅において訪問介護や通所、短期宿泊などのより日常生活支援や機能訓練を行う
夜間対応型訪問介護	ヘルパーによる夜間の定期巡回や、緊急時に対応できるように24時間態勢での随時訪問を行う	予防給付なし
地域密着型特定施設入居者生活介護	定員30人未満の小規模な介護専用の有料老人ホームなどで、日常生活上必要な世話や機能訓練を行う	予防給付なし
地域密着型介護老人福祉施設入居者生活介護	つねに介護が必要で、自宅での生活が困難な方を対象として、定員30人未満の小規模な施設で日常生活上必要な世話や健康管理を行う	予防給付なし
定期巡回・随時対応サービス	日中・夜間を通じて1日複数回の定期訪問と随時の対応を介護・看護が一体的にあるいは連携しながら提供する	予防給付なし
複合型サービス	医療ニーズの高い要介護者に対して、小規模多機能型居宅介護と訪問看護の機能を組み合わせて提供する	予防給付なし

出所：東京都社会福祉協議会，介護保険制度とは… —— 2012年度からの見直しに対応．p. 12-13　一部修正．

3 在宅介護を必要とする高齢者の現状と課題

(1) 増加する単身世帯と低下する家族機能

　高度成長期に若年人口が地方から都市へ大量に移動し、大都市への人口の集中と地方の人口減少が進んだ。近年、高齢化の進行は、限界集落の報道にみられるとおり、まず過疎地の問題として広く認識されてきた[注1)]。しかし、このような状況は全国的に散見される。

　国立社会保障・人口問題研究所の世帯数将来推計（2012年1月推計）によれば、2035年には、世帯総数に占める65歳以上の高齢者の独り暮らし世帯の割合は、全国平均で、2005年の7.9%が15.3%に上昇する。7世帯に1世帯の割合になる。世帯主が65歳上の世帯が、2010年1,620万世帯が、2035年2,021万世帯となる。世帯主が75歳以上の世帯は2010年731万世帯が2035年では1,174万世帯に増加する。都道府県別にみると65歳以上人口が、30%を越える都道府県は2010年では0であったが、2040年にはすべての都道府県で30%を越える。また、40道府県で、75歳以上人口が2割を越える。これらの推計からも介護問題が深刻化することが予測される。

　加えて晩婚化などの影響もあり、単身世帯は、全国で2010年には1,678万世帯、32.4%だったが、2035年には1,846万世帯、37.2%になり、平均世帯人数は2010年2.42人が2035年には2.20人に減少すると推計されている。ますます家族機能の低下傾向が進行すると考えられる。

(2) 介護家族の悩み

　要介護者を抱える家族の問題は依然として改善されていない。『平成25年度版高齢社会白書』によれば、介護者の続柄をみると、6割が同居家族である。配偶者が25.7%、子が20.9%、子の配偶者が15.2%である。介護者の性別では、男性が30.6%、女性が69.4%となっている。年齢別では、男性が64.8%、女性では60.9%が60歳以上であり、まさに「老老介護」

である。

また、介護の社会化を掲げて導入された介護保険制度であるが、介護を理由の離職も依然として多い実態がある。2012年に実施された総務省の「平成24年就業構造基本調査結果の概要」（2013年7月12）によれば、過去5年間に介護を理由に仕事を辞めた人は48万人に上る。企業による介護休業制度の整備による影響で前回調査に比べると3万人減少しているものの看過できない状況が継続していることが伺える。

(3) 介護殺人・介護心中

介護サービスを利用していても介護心中、介護殺人は起きている。その数は、東京新聞（2009年11月20日）の調査によれば、2000年から2009年の10年間で400件を超えている。「夫が加害者、妻が被害者」のほか、「息子が加害者、母が被害者」、「息子が加害者、父が被害者」という心中・殺人件数のうち加害者が息子で無職の割合は62%で、20代から50代まで割合はほぼ同じで働き盛りの男性が介護のために職に就けず、経済的にも追い詰められていることが窺える。[注2]

表2-2　1990年から2009年までの介護殺人、介護心中の新聞報道

年次	報道件数	年次	報道件数
1990	8	2000	32
1991	3	2001	27
1992	8	2002	35
1993	10	2003	42
1994	8	2004	35
1995	10	2005	31
1996	4	2006	53
1997	23	2007	54
1998	35	2008	51
1999	21	2009	40
合計	130	合計	400

出所：1990-1999年、鈴木玉緒「家族介護のもとでの高齢者の殺人・心中事件」『広島法学』31巻2号2007年 p 113と2000-2009年10月、東京新聞2009年11月20日をもとに作成。

ところで、「介護心中」、「介護殺人」の概念規定は必ずしも一致していない。現行法に近い解釈としては、「介護心中は、本人の意思や人権を無視した無理心中は高齢者虐待の最たるものであって、それは、殺人と後追い自殺の組み合わせに他ならないとする」（山口2001）がある。新聞報道においても法律の表記を用いて、殺人や殺人未遂と、加害者の自殺や自殺未遂とされている場合が多い。表2-2は、先述の東京新聞の報道と新聞報道を対象に鈴木が行った研究を元に作成した。介護保険制度導入以前の10年間に報道された件数は、130件であった[1]。一方、介護の社会化を掲げて導入された介護保険制度発足以降の10年間では3倍強の400件に上っている。介護保険制度では、カバーしきれないことは明白であり、重層的な支援体制が求められている。

（4）高齢者とセルフ・ネグレクト

孤立死の要因として注目されはじめたセルフ・ネグレクトは、高齢者虐待の新たなタイプとして東京都の虐待防止マニュアルにも述べられている。2006年に施行された国の「高齢者の虐待の防止、高齢者の養護者に対する支援等に関する法律」には、セルフ・ネグレクトは言及されていない。また、セルフ・ネグレクトの概念については、統一的な見解はなされていないが、アメリカ合衆国の全米高齢者虐待問題研究所（National Center for Elder Abuse：NCEA）は、セルフ・ネグレクトとは、「自分自身の健康や安全を脅かす事になる、自分自身に対する不適切な、または怠慢の行為」と定義している。本稿では、「高齢者が通常1人の人として、生活において当然行うべき行為を行わない、あるいは行う能力がないことから、自己の心身の安全が脅かされている状態に陥ること」とする[2]。

セルフ・ネグレクトと思われる事例の実態は、①必要な保健・福祉サービスの拒否、②必要な治療やケアの拒否、③疾患のコントロールがなされていない、④閉じこもり状態、⑤他者とのかかわりの拒否、⑥近隣住民とのトラブル、⑦汚れた衣服を着用、⑧入浴・身体の保清がなされていない、⑨失禁の放置⑩家屋内に食べ物・ごみ・排泄物が放置、⑪家屋内に悪臭、⑫ペット・大量発生したネズミや害虫の放置、⑬家屋の著しい老朽化、⑭

金銭管理ができない、⑮家賃や公共料金の未払い、などである。このような実態に加え、十分な栄養や水分を摂取していないことは容易に推測できる。

2010年に行われた「セルフ・ネグレクトと孤立死に関する実態調査と地域支援のあり方に関する調査研究報告書」によれば、全国で1万5603人、最多が東京都で1407人、次いで大阪府の1108人、神奈川県926人と続き、最も少ないのは、鳥取県で81人であった。単純な比較はできないが、少なくとも実数では都市部が多いといえる。

4　都市部の単身の低所得高齢者の実情

要介護高齢者の増加と団塊の世代の高齢化が相まって、高齢化率としては低いものの、高齢者の実数としては多い都市部における介護問題が深刻化することが予測されており、とりわけ単身の低所得高齢者（以下高齢生活困窮者という）の住まいと介護問題が、「たまゆら事件」に象徴されるように緊急課題となっている。高齢生活困窮者は、経済的に貧しいだけでなく人と人のつながりという側面においても厳しい状況にあると岩田は指摘している。孤立死や自殺する人は経済的に逼迫している場合や生活保護受給者の割合が高い。

本節では、都市の高齢生活困窮者の居場所と介護問題の実情について筆者らが行った調査結果について述べる。

（1）調査の概要及び結果

調査の目的は、都市部の高齢生活困窮者が必要とする支援について明らかにすることである。調査対象者は、東京都や政令指定都市のNPO法人等の支援を受けて居場所と相談や助言、生活支援を受けている60歳以上の高齢者650人を対象に2012年11月から2013年1月に行った。調査方法は職員による聞き取り調査であり、回答にあたっての承諾書を得ることやK大学臨床研究倫理審査委員会の審査を受けた。

回収率は64.3% 418人であった。基本属性では、男性が93.5%、平均

年齢は68.8歳で前期高齢者が大半を占めた。現在の住まいはアパート45.9％、無料低額宿泊所41.2％、その他の住まい12.9％、最長職は土木・建設42.6％、製造・運輸20.8％、営業・販売・事務が12.5％であった。また、結婚歴ない者が40.2％である。経済状況は生活保護66.1％、生活保護と年金が20.4％であった。現在の疾病は生活習慣病が最も多く、循環器系36.4％や糖尿病10.8％であり、通院等をしていない者は29.7％であった。

必要とする支援内容では、日常生活動作や手段的日常生活動作の自立度が自立の人が多いが、計画的な金銭の支出や福祉、年金等の諸制度を活用するうえで不可欠の書類を読み必要事項を記入することへの支援やバランスの良い食生活や健康管理について支援を必要とする割合が高かった。生活の質の向上や介護予防の視点からも生活を切り盛りするために一緒にする支援や見守り等が求められている。また、近親者との関係が途絶えている人、新たな人間関係の構築ができていない人が多く、人と人の関係を新たに作るための支援も重要な課題となっている。

(2) 考察および結論

生涯未婚者が半数近くおり、また、生活習慣による疾病を抱え、生活保護もしくは年金の不足分を生活保護でカバーしており、日雇い労働など非正規雇用の職業に従事していたことが伺える。近親者との関係がないか、極めて薄い人が多い。地域のアパートや支援団体の無料低額宿泊所や有料老人ホーム等で生活しているが、地域における活動や役割を持つ人は少なく、同じ施設に入居している者同士のつながりも職員が間に入るなど工夫が必要となる場合もある。特にアパートで生活している場合は、定期的な安否確認や行事への参加を促すなどの関わりを持つことで孤立を防いでいる実情がある[5]。故郷を離れ仕事を求めて転々とした結果、血縁・地縁・社縁を形成できなかったと考えられる。彼らは10年後には平均年齢が78.8歳で後期高齢者になり、要介護状態になる人の割合も増加する。どこに住まい誰に介護を受けるのか重要な課題となることが予測される。

また、その状態像は、現在、ワーキングプアと言われている20代後半から30代の非正規雇用（非正規雇用率40％）の若者たちが、高齢期に達

した時の姿を先取りしているのではないか^{注6)}。その意味で将来を展望する改善策が望まれる。

5 高齢者の在宅介護の展望

(1) 介護保険制度の限界、専門職の気づきと連携

　介護保険制度は、利用者の自立支援や生活の質の向上と同時に、家族の介護負担の軽減の目的も含まれている。しかし、不幸にして介護殺人や介護心中は後を絶たず、先に述べたとおり、むしろ増加しており、介護殺人・心中事件において、なんらかの社会資源が出入りしている^{注7)}、という共通点が見いだせる。介護サービスを活用しているから介護が問題は解消されるとは限らない。ケアマネジャーや訪問介護員等は、生活の実情や問題状況、家族介護者の心身の状況まで把握するのに十分な時間をかけられないのが実情であり、個人情報の保護の壁もあると推察できる^{注8)}。自己の専門領域のサービスを適切に提供することはもとより、それにとどまらず利用者および家族介護者を含めたその世帯の生活全体への気づきと、援助に関わる専門職間の情報の共有や連携が求められている。

(2) 地域の共助・互助のシステムの再構築

　限界集落は地方だけの問題ではなく、都市部においても見られる現象であり、ともにコミュニティの崩壊が起こっており、互助のシステムの再構築が緊急課題である。セルフ・ネグレクトや孤立死の実態から、自らSOSを発信できないことも明らかになっている。先のニッセイ報告書では、東京都の孤立死の発生確率は、1.74％で100人に1人以上と推計されている。加えて認知症高齢者の増加は平成22年度の調査結果からMCIを含めるさらに多くのすそ野を持っていることが明らかとなった^{注9)}。

　そのため、専門職や現行の社会福祉のシステムだけでは十分な支援ができないことは明白である。2015年の制度改正では、さらに在宅ケアの推進が図られることになる。このような状況において地域包括ケアシステム

の構築は喫緊の課題である。しかし、このシステムが機能するためには、制度上のサービスと地域の自治会や近隣、友人等の互助システムが連携して初めて機能すると考えられる。行政のシステム、すなわち公助を補完するような地域や近隣の助け合いである互助システムを意図的に構築することが、求められている。自助は、自助だけで機能するのではない。更に言えば、自助は、自立した個人ならだれでも可能なことであろうか。孤独死の研究を進める新井によれば、自治会の組織が機能している地域、すなわち共助のシステムが機能している地域では、孤立死は少ないという。自助は、互助および共助のシステムに支えられて初めて機能することができるのではないだろうか[6]。

　また、孤立死予防の必要性を認識している自治体は、「地域、社会からの孤立をなくす」ことを重点に取り組みを始めている。相談窓口の一元化による住民の困りごとに対して包括的な支援を行う、情報収集のネットワークを作るといった、ささやかなSOSを見逃さない地道な活動を行っている[7]。地道な取り組みの積み重ねから展望が開けてくると考える。

[注]

注1) 過疎化などで人口の50％以上が65歳以上の高齢者になって冠婚葬祭などの社会的共同生活が維持困難な集落を指し、社会学者の大野晃教授が1991年に提唱し、広がった。近年、過疎地や離島だけでなく、都市のベッドタウンや大規模公営団地などにおいても同様の現象が起きている。

注2) 東京新聞の調べでは、被害者が65歳以上の介護保険対象者の殺人、傷害致死、保護責任者遺棄致死、心中など「致死」事件を対象としている。夫と息子がいずれも33％、婿や孫を合わせ、男性が四分の三を占めている。

注3) 2009年3月19日群馬県渋川市の静養ホームたまゆらの火災で東京都の被保護者10名が死亡した事件。

注4) 2012年度学術研究助成金（基盤研究C）「大都市における単身の要援護状

態にある低所得高齢者が必要としている支援に関する調査研究」（代表原田由美子）（課題番号23530783）の一部である。（共同研究者等、新井康友・綾部貴子）

注5）ホームレス支援全国ネットワーク（理事長奥田知志）に加盟する東京都23区や政令指定都市において生活困窮者支援を行っているNPO法人等である。

注6）本調査の結果は、一部の事例調査ではあるが、低所得の単身の高齢者を対象とする調査は、調査対象の了承を得ることがそもそも困難であり、今回ホームレス支援全国ネットワークの総会にオブザーバー参加させていただき調査協力の同意を得ることができた。そのため、限られたサンプルであるが、貴重な知見を得たと言える。

注7）2006年7月22日認知症の母殺害、54歳男に猶予刑－認知症の母親（86）と心中を図って承諾殺人罪．2010年1月に横浜市栄区で認知症の妻（81）を夫(85)が殺害した事件。2010年11月に藤沢市内の介護付き有料老人ホームで85歳の夫が妻の首に手をかけた。これらの事件では介護サービスの活用をしていた。いずれも何らかの社会資源にアクセスしていた。

注8）鈴木は、「介護殺人・心中事件数のピークがあることがわかる。介護保険導入時と高齢者虐待防止法制定時にピークが合っている。介護保険の制度設計が男性介護者に適合的なものではないのではなかいか」と考察において述べている。引用文献1）p. 112.

注9）軽度認知障害（Mild Cognitive Impairment）正常でもない、認知症でもない認知症と正常の中間の状態。平成25年厚生労働省報告「都市部における認知症有病率と認知症の生活機能障害への対応」（2013年5月）。

[引用文献]

1) 鈴木玉緒（2007）家族介護のもとでの高齢者の殺人・心中事件．広島法学31巻2号, 2007年, p101-p113.

2) (株)ニッセイ基礎研究所（2011）セルフ・ネグレクトと孤立死に関する実態把握と地域支援のあり方に関する調査研究報告書．2011年4月，p4．
3) 同掲書，p22．
4) 岩田正美（2005）貧困と社会的排除．ミネルヴァ書房，p8．
5) 原田由美子・井上千津子（2010）元路上生活者の生活の再構築に必要な支援に関する研究――中間施設等入所者の生活力等に関する調査から．京都女子大学生活福祉学科紀要，第6号．
6) 新井康友，一人暮らし高齢者の孤独死の実態に関する一考察――Ａ県Ｂニュータウンを中心に．中部学院大学・中部学院短期大学部研究紀要，第11号，2010年3月，p88．
7) (株)ニッセイ基礎研究所（2011）セルフ・ネグレクトと孤立死に関する実態把握と地域支援のあり方に関する調査研究報告書．2011年4月，p92．

［参考文献］

相野谷保孝（1991）国が医療を捨てるとき．あけび書房．
大山正（1964）老人福祉法の解説．全国社会福祉協議会．
小川喜一（1973）医療費赤字の原因をめぐって．ジュリスト――医療と人権，有斐閣，1973年11月臨時増刊号．
厚生省社会局老人福祉課監修（1973/1974/1981）老人福祉関係法令通知集．
厚生省社会局老人保険課監修（1974/1981）老人保健関係法令通知集．
佐々井司（2011）人口推計と自治体計画．自治体学会編，2020年の地域と自治，第一法規．
総務省統計局・政策統括官（統計基準担当）・統計研究所（2010.9.26）高齢者人口の現状と将来．
　　　http://www.stat.go.jp/data/topics/topics051.htm
国立社会保障・人口問題研究所（2011.1）．
　　　http://www.jpss.go.jp/

内閣府（2011）高齢社会白書平成23年度版．第1章，pp. 2-58.

三浦文夫（1983）分岐点に立つ老人対策——1982年度の老人対策の動き．図説老人白書．

山口光治（2001）在宅介護と心中事件—長野市で発生した事件から．社会福祉士8．日本社会福祉学会運営委員会，2001年2月，pp. 144-148.

吉田久一（1988）日本社会事業の歴史．勁草書房．

（株）ニッセイ基礎研究所（2011）セルフ・ネグレクトと孤立死に関する実態把握と地域支援のあり方に関する調査研究報告．

第3章　施設介護の現状と課題

　わが国の少子高齢化の急激な進展に伴い、寝たきりや認知症等による要介護・要支援高齢者の増加、介護の長期化（平成16年度調査[注1] 3年以上要介護状態にある高齢者全体の51.0%）・重度化、家族の介護機能の低下（核家族化、高齢者単身世帯、高齢者夫婦世帯の増加等々）、医療依存度の高い高齢者の在宅復帰などの問題が目に見えて噴出している[注2]。

　このような高齢者介護問題が深刻化する中、2000（平成12）年介護保険制度が施行され、高齢者介護を社会全体で支える仕組みができた。

　介護保険制度は、要介護の状態になっても、住み慣れた地域で暮らすこと、つまり、在宅重視の制度ではあるが、現実的には、施設が果たすべき役割も大きなものとなっている。

　そこで、本章では、介護保険施設を中心とした「施設（住まいを含む）」について概観したうえで、施設介護の特性について述べ、施設の果たすべき役割を吟味していくこととする。

1　施設（入所・居住、長期ケア）の概要（図3-1）

(1) 介護保険施設

　この施設サービスは、要介護1-5の認定を受けた方が対象となり、介護が中心か、医療が中心か、またどの程度医療上のケアが必要かなどによって次に三つの中で入所する施設が異なってくる。

介護老人福祉施設（介護保険法第8条第26項）
　「老人福祉法第20条の5に規定する特別養護老人ホームであって、当該特別養護老人ホームに入所する要介護者に対し、施設サービス計画に

```
┌─────────────────────────────────────────────────────────────┐
│          老人福祉法                    介護保険法            │
│                                                             │
│  (認可) 特別養護老人ホーム    =   (指定) 介護老人福祉施設   │
│                                   (許可) 介護老人保健施設   │
│                                                             │
│     (認可) 養護老人ホーム  ┐                                │
│          軽費老人ホーム    ├ (指定) 特定施設入居者生活介護  │
│          (主にケアハウス)  │                                │
│     (届出) 有料老人ホーム  ┘                                │
│                                                             │
│                               (指定) 介護療養型医療施設     │
│                                                             │
│                               (指定) 小規模多機能型居宅介護事業所 │
│                               (指定) 認知症対応型共同生活介護事業所 │
│                                                             │
│  「高齢者の居住の安定確保に関する法律（通称：高齢者住まい法）」│
│         (登録) サービス付き高齢者向け住宅                   │
│                                                             │
│               シルバーハウジング                            │
│               公営住宅等                                    │
└─────────────────────────────────────────────────────────────┘
```

出所：筆者作成

図3-1　高齢者福祉関係施設一覧

基づいて、入浴、排せつ、食事等の介護その他の日常生活上の世話、機能訓練、健康管理及び療養上の世話を行うことを目的とする施設」と規定されている。つまり、「入所者がその有する能力に応じ、自立した日常生活を営むことができることを目指す[注3)]」ことができるように、必要な介護、機能訓練等のサービスを提供する施設である。

介護老人保健施設（介護保険法第8条第27項）

「要介護者に対し、施設サービス計画に基づいて、看護、医学的管理

の下における介護及び機能訓練その他必要な医療並びに日常生活上の世話を行うことを目的とする施設」と規定されている。つまり、「入所者がその有する能力に応じ、自立した日常生活を営むことができるようにするとともに、その者の居宅における生活への復帰を目指す」[注4)]ための施設である。

介護療養型医療施設

　介護重視に特化した病院とでもいうべき施設である。2012（平成24）年3月末までに廃止されることになっていたが、老人保健施設等への転換が思うように進んでいないことなどのために、廃止期限が2018（平成30）年まで延長された。現存している施設はその期限までには老人保健施設に転換されるべく必要な支援が行われている。

(2) 介護保険施設以外の介護保険サービスを行っている「施設」

法律上「居宅」サービスに含まれているが、「住まい」、「泊り」としての機能を有しているため、住民からは「施設」と認識されている場として、話を進める。

小規模多機能型居宅介護事業所

　介護保険サービスのうちの地域密着型サービスの一つに位置づけられている。これは、在宅で暮らしている要介護者等が必要に応じて、「通い」・「訪問」そして「泊り」のサービスの提供を受けるもので、いつまでも自宅に住み続けるために利用する「施設」である。利用料金は、要介護度別による「介護保険一割負担＋実費」であるが、一割負担分は、月単位で包括的に定められている（俗にいう"まるめ"である）。つまり、1カ月のうち何回利用しても1割負担分（保険外負担分は除く）は変わらない料金負担設定である。

グループホーム（認知症対応型共同生活介護事業所）

　要介護の認定を受けている認知症高齢者のうち、少人数による共同生活を営むことに支障のない方を対象としており、家庭的な環境のもと、基本的介護（入浴・排せつ・食事）やその他の日常生活上の世話や機能訓練が受けられることを目的としており、地域住民との交流についても

留意されている。

(3) 老人福祉法における施設[注5]

養護老人ホーム（老人福祉法第20条の4）

65歳以上の者であって、環境上および経済的理由により居宅において養護を受けることが困難な者を入所させ、養護するとともに自立した日常生活を営み、社会的活動に参加するために必要な指導及び訓練その他の援助を行う施設である。市町村長による措置施設である。

軽費老人ホーム（老人福祉法第20条の6）

無料または低額な利用料金で、身体機能の低下等により自立した日常生活を営むことに不安があり、家族による援助を受けることが困難な60歳以上の方（夫婦での利用の場合、どちらかが60歳以上であれば可）を入所させる施設である。サービスの内容は、食事の提供、入浴等の準備、相談援助、社会生活上の便宜供与等である。利用者と施設との契約施設である。また、都市部に設置される定員20名以下の都市型軽費老人ホームもある。

有料老人ホーム（老人福祉法第29条第1項）

高齢者に、入浴、排せつ、食事の介護、食事の提供またはその他の日常生活上必要な便宜を供与する施設である。

現在、入居契約の形式としては、①「利用権型（入居時に多額の一時金を支払う）」、②「建物賃貸借型（利用料を家賃として月払いなどにより支払う）」、③「終身建物賃貸借型（建物賃貸借型の特別な形態）」などがある。

サービス機能の観点から分類すると、①「介護付有料老人ホーム（一般型特定施設入居者生活介護）」、②「介護付有料老人ホーム（外部サービス利用型特定施設入居者生活介護）」、③「住宅型有料老人ホーム」、④「健康型有料老人ホーム」の4類型となっている。

なお、老人福祉法の改正により、入居者保護の観点から権利金や契約締結等の利用者保護規定が強化されている。

なお、ここで紹介した3施設（養護、軽費、有料）は、介護保険法に規

定されている居宅サービスの一つである「特定入居者生活介護」事業所の指定を受けることも可能である。これまでこの3施設は、身体機能や精神機能等の著しい低下等により要介護状態になった場合、退所する必要に迫られる場合も少なくなかったが、介護サービスを提供できる環境も整えられたことにより、退所（退去）の可能性を大きく考えることなく、介護サービスを受けながら入所継続（住み続けることが）できるようになってきている。

(4) その他の「施設」

サービス付き高齢者向け住宅

2011（平成23年）の「高齢者の居住の安定確保に関する法律（通称：高齢者住まい法）」の改正により高円賃・高専賃・高優賃を廃止し、サービス付き高齢者向け住宅に一本化された。[注6]

シルバーハウジング

60歳以上の単身世帯や夫婦世帯等でライフサポートアドバイザーが必要に応じて生活指導や相談、安否確認、一時的な家事援助、緊急時サービスを行っている。

公営住宅等

公営住宅は元来、住宅に困窮する低所得者を対象に低廉な家賃の住宅を供給するため、公営住宅法に基づき、都道府県及び市町村が供給主体となっている。公営住宅は、母子世帯、心身障害者世帯、高齢者世帯など特定目的住宅を含めて整備が行われており、これらの特定目的住宅については、入居者の生活に適するよう配置や設計にあたって特別な配慮がなされるとともに入居に際して、優先的な取扱いが行われている。

2　施設介護の特性

本項では、介護保険施設（特に、介護老人福祉施設）をもとに、施設介護の特性について何点か述べていく。

(1) 一人一人に応じたケアプランが立てられていること（施設ケアマネジメント）

　個別のケアプラン（施設サービス計画）[注7]に基づく利用者一人一人のニーズに対応した介護が行われている。[注8]これは、施設の介護支援専門員（ケアマネジャー）を中心に、利用者や家族のニーズをアセスメントし、関係職員でのカンファレンスを経て[注9]、作成され、利用者や家族の同意を得て、サービス利用開始となる。さらに、この施設サービスに基づき、各職種（介護職、看護職、栄養職、リハビリ職等々）ごとに個別の計画（介護計画、看護計画、栄養計画、リハビリ計画等々）が作成され、これらの計画に基づいたサービス提供が始まる。もちろん、利用者の状況変化等により、ケアプランは柔軟に変更される。その際には、カンファレンス等の一連の手続きによるものとされる。

　高齢者の複雑化、多様化、高度化したニーズに対応していくという観点から見てもケアプラン立て、各職種が役割分担をし、それに基づいて自分の専門性を生かして、支援を行うことは大きな意味があることである。

(2) 認知症ケアの充実

　高齢化の進行や高齢者人口の増加と共に、認知症高齢者の一層の増加が見込まれている。平成22年9月現在で、280万人の認知症高齢者のうち、施設に居場所のある認知症高齢者（日常生活自立度Ⅱ以上[注10]）は、約140万人にものぼる。内訳は、介護老人福祉施設41万人、介護老人保健施設（療養型施設を含む）36万人、特定施設（軽費・有料老人ホーム等）10万人、医療機関38万人、グループホーム14万人となっている。これらの数字をみる限り、居宅の方々のいわゆるショートステイの利用も考えてみると、地域包括ケアの充実等で在宅ケアが整備されてきたとしても、施設の果たすべき役割はとても大きいものであり、介護報酬を見ても、認知症専門ケア加算が創設されたり、今後においてもますます大きくなってくるといえるだろう。そのため、施設においては、さらなる認知症ケア充実に向けた対策も求められる。

（3）ユニットケア・個室が主流となったこと

　従来の施設では、4人部屋などの集団ケアが主流であったが、介護保険制度を境に、ユニットケアによる個別ケアが重視されるようになり、ハード面でも個室が主流となってきた。ユニットケアとは「居住環境と集団処遇ケアを抜本的に改善するため、居室をいくつかのグループに分け、グループごとに食堂、談話スペースなどの設備を備えて、こじんまりとしたユニット（小単位）の中で一人一人により深くかかわる家庭的なケアにしようとするもの」[1]である。これは、「支援者が自ら疑問を感じ、現場からの動きとして制度変革のうねりへと発展した」と言われている。特別養護老人ホームにとどまらず、老人保健施設においても導入されている。ちなみに、平成16年に筆者がかかわった老人保健施設は、日本初のユニットケアの設備を整えたものであったが、発足当初は、職員の人的配置や実際の利用者の状況等から、ユニットケアの体制に応じたサービス提供が困難を極めた。ユニットケアの難しさを目の当たりにしたが、研修体制や人的配置等に対して、組織を挙げて、必要な対策に取り組んでいくことにより、各職員が経験を蓄積し、あるべきユニットケアを目指し、行動していった結果、現在では、ユニットケア体制が軌道に乗ってきた。

（4）リスクマネジメント

　施設内には、入居者の急変、転倒・誤嚥等の事故、故意ではないにしろ職員による介護等の事故またはヒヤリハットという言葉に表現される事故にいたりそうになった事例などの内的な要因のものや、火災や天変地異等の自然災害の外的な要因によるものなどさまざまなリスクが存在している。そのため、リスクマネジメントにも最善の注意を払わねばならない。

　一人一人に適したケアプランが実行されているかを確認するだけでもリスクマネジメントの行動である。

　それはもとより、各施設では、設備としては、スプリンクラーを設置したり、緊急時の備蓄用品を備えたりするとともに、事故対策、災害対策等の様々な対応マニュアルを作成する。もちろん、マニュアルを作成するだ

けではなく、それに基づいた必要な訓練を行い、リスクを防ぐとともに、リスク発生時にも迅速な対応を行い、最小限に抑えている努力を日夜行っている。

　これらのことは、サービス提供の質の高いレベルでの標準化にも関連してきて、職員個々、ひいては施設全体の質の向上にも直結する取り組みとなる。

　それらがさらに実効性を伴うものとするために、地域住民や行政、そのほかの関係機関とも日常的に連携を図り、関係を深めている努力を忘れていない。その一例として、施設と地域住民の合同防災訓練などに取り組んでいるところもある。（後段にも関連事項あり）。

(5) 施設入居者も地域住民の1人であるということ

　介護保険施設は、地域との連携等に努めることが運営基準[注11)]に定められている。たとえば、「指定介護老人福祉施設は、その運営に当たっては、地域住民又はその自発的な活動等との連携及び協力を行う等の地域との交流を図らなければならない」と定められている。これは施設の運営方針について定めたものであるが、入居者の視点から考えてみると、入居者も地域住民と交流を図ること、つまり、その地域の住民の1人であることを意味していることになるだろう。職員は、入居者も施設のある地域の住民の1人であるという認識のもと、利用者のより豊かなくらしの実現のため、努力している。

　地域交流の例としては、ボランティアによる日常生活支援やクラブ活動の支援、季節感あふれた行事における地域と施設の共同開催、防災訓練等

　B団地・C両自治会の防災避難訓練に参加でき、A施設の今後の防災避難に地域の方々に関心を持って頂けたことです。この訓練にはD消防署の火災・人命救助訓練とA施設内部見学会および施設利用者との交流、車椅子試乗体験会、福祉用具展示会、地域見守りネットワークの呼びかけが行われました。A施設が今後とも地域に根ざした活動が出来るようにと願っています。

出所：施設広報誌より、筆者作成。

図3-2　A施設の地域交流の一例（防災訓練）

の協力体制構築、自治会会議等の会場提供、地域問題に対する施設機能の提供など、施設と地域との関係性で様々な方法が採られており、入居者のゆたかな暮らしを創造するうえでも大いに役立っているところである（図3-2）。

(6) 利用者の経済的負担

　介護保険制度という社会保険制度で運用されているので、サービスに応じた負担（応益負担）[注12]が求められる。従来の所得能力による負担（応能負担）[注13]ではない。もちろん、低所得者等には、状況に応じた軽減・減免措置等の配慮はある。基本的には、要介護度に応じた一部負担金（平成25年度現在1割負担）＋食費相当分・居住費相当分その他の実費負担（保険外負担）が求められている。

　以上の措置は、2005（平成17）年改正において、①在宅と施設の利用者負担の不公平感の是正、②介護保険給付と年金保険給付の機能調整を図るなどの要因により、介護サービス費等の給付範囲が見直されたことによるものである。

　具体的には、図3-3　表3-1にみられる負担項目が自己負担となり、介護保険1割負担と共に支払うものとなった。

```
⓪施設介護サービス費（介護報酬対象　1割負担分）
─────────────────────────────
①居住費　ユニット型個室・ユニット型準個室・従来型個室の場合）室
　　　　料＋光熱水費　多床室の場合）光熱水費
②食費　材料費等＋調理費相当
③その他の日常生活費
　　例）理美容代、身の回り品の費用、教養娯楽の費用、健康管理費、預
　　　り金の出納管理の費用、私物の洗濯代等
④特別なサービス費用
```
【他の自己負担分】

出所：筆者作成

図3-3　施設介護サービス費の給付範囲

表 3-1　某施設（ユニット型個室タイプ）利用料金例
（通常段階の場合　平成 25 年 12 月現在）

1 日あたりの料金					利用者負担総額
施設サービス費			居住費	食費	負担限度額適用段階
介護度	単位数	自己負担額（1割分）			通　　常
1	724	744 円	2,900 円	1,500 円	160,058 円
2	794	816 円			162,342 円
3	867	891 円			164,725 円
4	937	963 円			167,009 円
5	1,006	1,034 円			169,260 円

出所：筆者作成

▷施設サービス費には、施設の所在地・職員体制・個人の状況等を勘案した制度に基づく、さまざまな加算も含めて設定されている。
▷上記負担のほか、「その他の日常生活費」・「特別なサービスの費用」が利用者と施設との契約のもと、負担することになる。
▷居住費・食費（いわゆる補足給付）は、所得段階に応じた負担限度額が設けられている。

(7) 介護職員の課題

　介護保険制度施行後、介護保険事業所の急増、社会的な景気低迷による求職者の増加等などにより、介護職員は目に見えて増加はしている（2000 年　約 55 万人→ 2008 年　約 128 万人→ 2011 年　約 155 万人）。しかしながら、「夜勤等が多く仕事がきつい」「仕事の割に給与が低い」等の世評が定着し、離職率が高く、人材の入れ替わりが激しく、特に都市部においては慢性的な人手不足状態という現実もある。

　その一方で、高齢者のニーズの複雑化、多様化、高度化などにより、サービスのさらなる質の向上（これまでの日常的なサービス提供はもちろんのこと、介護職員の医行為、虐待行為の防止、身体拘束の禁止[注14]、医療依存度[注15]の高い利用者への対応、ターミナルケア等々の取り組み、充実[注16]）も求められている。つまり、介護職員は、量的・質的ともにさらなる充実が求められている。

　そのために介護従事者人材確保法等を活用した人材確保及び職員待遇改善をはじめ、キャリアパス[注17]、職場研修（OJT[注18]、OFF-JT[注19]、SDS[注20]）、メンタルヘルス対策[注21]などの研修等体制のシステム構築に力を入れている施設も多

い。そのうえで、必要かつ適切な人事考課、目標管理制度などの効果的な運用を検討している。

　ちなみに筆者の勤務していた特別養護老人ホームをはじめ、一連の高齢者福祉サービス（介護保険サービス）を経営する社会福祉法人では、認知症ケアをはじめとした介護等に関する教育を行う専門部署を設置し、法人内職員（にとどまらず、地域人材も含む）のスキルアップを支える役割を果たしている。

3　おわりに

　本章では、施設介護の概要について述べてきたが、最後に皆さんに以下のことを考えていただきたい。

　介護職員をはじめとする施設従事者は、施設の機能や自分自身の専門性を最大限活用し、入居者の尊厳を保持し、その方の有する能力に応じ自立した日常生活を営むことができるように、試行錯誤しながら活動している。もちろん、改善すべき課題、解決すべき問題は少なくないが、これらの課題には、施設従事者のみならず、私たち国民一人一人が現状を正しく理解し、何をすべきか考えていかなければならないだろう。その考える際に必要な視点は、一人一人の権利擁護[注22]（自分を含めた）ではないかと考えるが、いかがだろうか。

[注]

注1）平成16年度国民生活基礎調査参照。

注2）これらの詳細は、介護支援専門員基本テキスト編集委員会編『六訂　介護支援専門員基本テキスト』長寿社会開発センター、2012年　第1巻 p2-10 を参照のこと。

注3）「指定介護老人福祉施設の人員、設備及び運営に関する基準」（平成11年

3月31日厚生省令第39号第1条。

注4)「介護老人保健施設の人員、設備及び運営に関する基準」(平成11年3月厚生省令第40号。

注5) 老人福祉法に定める施設は、老人デイサービスセンター、老人福祉短期入所施設、養護老人ホーム、軽費老人ホーム、老人福祉センター及び老人介護支援センターとなっている。その中で、入所施設としては、老人福祉短期入所施設、養護老人ホーム、軽費老人ホームがあげられる。もちろん、特別養護老人ホームも老人福祉施設になっているが、制度上の実態として介護保険施設としての機能が主になっているため、ここでは含めていない。また、有料老人ホームは、老人福祉施設としては位置づけられていないが、老人福祉法第29条に規定があることから本項に含めている。

注6) 高円賃…高齢者円滑入居賃貸住宅、高専賃…高齢者専用賃貸住宅、高優賃…高齢者向け優良賃貸住宅。

注7) 介護保険法第8条第23項によれば「施設サービス計画とは、介護保険施設に入所している要介護者について、施設から提供されるサービスの内容、その担当者、本人と家族の生活に対する意向、総合的な援助方針、健康上および生活上の問題点、解決すべき課題、提供する施設サービスの目標と達成時期、サービスを提供するうえでの留意事項などを定めた計画」のことをいう。

注8) ニーズとは、人間が社会生活を営む上で欠かすことのできない社会的に認められる基本的要求をいう。

注9) たとえば、特別養護老人ホームにおいては、施設長、介護支援専門員、生活相談員、介護職員、看護職員、栄養士などが一堂に会し、カンファレンスを行っている。原則的には、利用者や家族も参加が必須とされるが、現状では、介護状況等により厳しい現実もある。そのため、介護支援専門員は、利用者や家族の意向を十二分に踏まえる代弁機能を発揮することも求められている。

注10) 平成5年10月に示された認知症高齢者の判定基準をいう。ランクⅠ-ⅣとランクMの基準が定められている。この基準の特徴は、医学的な認知症の程度ではなく、生活の状態像から介護の必要度を示すものである。この

基準と共に、障害老人の日常生活自立度判定基準（寝たきり度判定基準）が併用され、障害をもつ高齢者の心身両面の判定ができ、介護保険制度における介護認定にも活用されている。

注11)「指定介護老人福祉施設の人員、設備及び運営に関する基準」(平成11年3月31日厚生省令第39号第34条。

注12) 応益負担とは、サービスの利用負担について、所得に関係なく、受けたサービスの利益に応じて負担することをいう。

注13) 応能負担等は、利用者等の負担能力に応じて負担することである。

注14) 高齢者虐待については「高齢者虐待の防止、高齢者の養護者に対する支援等に関する法律（いわゆる　高齢者虐待防止法）」において、養介護施設従事者等による虐待、つまり、施設職員による虐待対策（虐待行為の防止はもちろん、通報義務等）についても規定している。

注15) 介護サービス等の利用者の行動を制限する行為であり、車いすやベッドに縛るなどして固定すること、特別な衣服によって動作を制限すること、過剰に薬剤を投与して行動を制限すること、鍵付きの部屋に閉じ込めることなどが該当する。身体拘束は利用者に対して身体的・精神的・社会的な弊害をもたらすことが多いことから、介護保険制度では、身体拘束を原則禁止しており、身体拘束ゼロへの取り組みが行われている。

注16) ターミナルケアとは、終末期の医療・看護・介護のことをいう。死期が近づいた患者に対し、延命治療中心ではなく、患者の人格を尊重したケア中心の包括的な援助を行うことである。筆者が経験した事例では、本人や家族と話し合いをもったうえで、施設内各職種はもとより、協力医療機関、行政等との連携、利用者の家族親戚、友人等との協力により実現したこともある。これからはより一般的に施設にもターミナルケアが求められてくるだろう。

注17) キャリアパスとは、「組織にとって、必要な人材のキャリアやスキルを段階的に設定し、将来の目的や昇進プラン、キャリアアッププランを具体化すること」をいう。

注18) OJTとは、「職務を通じて、職場の上司や先輩が部下や後輩に指導・育成する研修のこと」をいう。

注19) OFF-JT とは，「職務を離れての研修等」をいう。
注20) SDS とは，「職場内外での自己啓発活動を支援すること」をいう。
注21) メンタルヘルス対策としては，スーパービジョン、コーチングをはじめ，職場外からのコンサルテーション、カウンセリングの導入、パンフレット等による広報・啓発、産業医や健康診断時の問診などがあげられる。
注22) 権利擁護の制度といえば，虐待防止関連制度をはじめ，日常生活自立支援事業や成年後見制度があるが，施設従事者に限らず，対人援助職は，皆自分の日々の活動自体が権利擁護の活動であることを自覚していることを合わせて伝えておきたい。筆者は，権利擁護を「一人一人をとことん大切にする行動である」ということを自覚している。

[引用文献]

1) 日本ソーシャルワーク学会編（2013）ソーシャルワーク基本用語辞典．川島書店，p. 205.

[参考文献]

一般財団法人　厚生労働統計協会編（2014）国民の福祉と介護の動向・厚生の指標　増刊・第61巻第10号　通巻第961号．一般財団法人　厚生労働統計協会．
岡田進一・橋本正明編著（2013）高齢者に対する支援と介護保険制度（第2版）．ミネルヴァ書房．
白澤政和（2011）「介護保険制度」のあるべき姿―利用者主体のケアマネジメントをもとに．筒井書房．
社会福祉士養成講座編集委員会編（2009）新・社会福祉士養成講座 13，高齢者

に対する支援と介護保険制度―高齢者福祉論　第2版．中央法規出版．
仲村優一・一番ヶ瀬康子・右田紀久恵監修（2007）エンサイクロペディア社会福祉学．中央法規出版．
介護支援専門員基本テキスト編集委員会編（2012）六訂　介護支援専門員基本テキスト．長寿社会開発センター．
日本ソーシャルワーク学会編(2013)ソーシャルワーク基本用語辞典．川島書店．
中央法規出版編（2010）五訂　社会福祉用語辞典．中央法規出版．

第4章 地域包括支援センターの現状と高齢者の生活実態

1 はじめに

　今日、孤立死、セルフ・ネグレクト[1]などの社会的孤立が社会問題として取り扱われる[2]。しかし、高齢者の社会的孤立に関する問題は、以前より困難事例、あるいは援助拒否事例として取り上げられてきた[3]。

　2006（平成18）年4月に地域包括支援センターが設立される以前は、1990（平成2）年に設立された在宅介護支援センターが総合相談窓口の機能をもち、困難事例などの対応の中心的役割を担うことになっていた。そして、高齢者は、在宅介護支援センターで利用手続きをして、介護サービスを利用していたことから、在宅介護支援センターの存在が大きかった。しかし2000（平成12）年の介護保険制度施行後は、介護サービスの提供を民間事業者にも参入を認め、多くの自治体では介護サービスの提供から撤退した[4]。そして、多くの自治体は高齢者の実態把握をしなくなり、在宅介護支援センターの存在や役割も一層不明確になった。そして、在宅介護支援センターに代わり、市町村の機能強化として2006（平成18）年4月に地域包括支援センターが設置された。

　本章では、まず地域包括支援センターの概要を紹介し、同センターが抱えている現状の問題点を提示する。そして、近畿圏内のすべての地域包括支援センターを対象に行った調査結果をもとに、同センターが対象とする高齢者の生活実態を明らかにする。

2　地域包括支援センターの概要

　地域包括支援センターは、地域住民の心身の健康の保持及び生活の安定のために必要な援助を行うことにより、地域住民の保健医療の向上及び福祉の増進を包括的に支援する目的として、包括的支援事業等を地域において一体的に実施する役割を担う中核的機関として設置された。設置主体は市町村（特別区を含む。以下同じ）である。地域包括支援センターは、市町村または市町村から委託を受けた法人(在宅介護支援センターの設置者、社会福祉法人、医療法人、公益法人、NPO法人、その他市町村が適当と認める法人）が設置できる。

　地域包括支援センターは、「地域包括ケア」を基本方針としている。「地域包括ケア」とは高齢者が住み慣れた地域で、尊厳あるその人らしい生活を継続することができるようにすることを目指すことである。その実現のためにはできる限り要介護状態にならぬよう「介護予防サービス」を適切に確保するとともに、要介護状態になっても高齢者のニーズや状態に応じて必要なサービスが切れ目なく提供される「包括的かつ継続的なサービス体制」を確立することが必要である。

　地域包括支援センターの設置に係る具体的な担当圏域設定にあたっては、市町村の人口規模、業務量、運営財源や専門職の人材確保の状況、地域における保健福祉圏域（生活圏域）との整合性に配慮し、最も効果的・効率的に業務が行えるよう、市町村の判断により担当圏域を設置することができる。

　地域包括支援センターの職員体制は、保健師、主任介護支援専門員、社会福祉士の3職種の職員が配置されている。

　地域包括支援センターが行う業務は、(1)包括的支援事業（「介護予防ケアマネジメント事業」・「総合相談・支援事業」・「権利擁護事業」・「包括的・継続的ケアマネジメント支援事業」）と(2)介護予防支援に大別される。

(1) 包括的支援事業

①介護予防ケアマネジメント事業

介護予防ケアマネジメント事業とは、二次予防事業対象者[注1]が要介護状態等になることを予防するため、その心身の状況等に応じて、対象者自らの選択に基づき、介護予防事業その他の適切な事業が包括的かつ効率的に実施されるよう必要な援助を行う事業である。

②総合相談・支援事業

総合相談・支援事業とは、地域の高齢者が、住み慣れた地域で安心して、その人らしい生活を継続していくことができるようにするため、どのような支援が必要かを把握し、地域における適切なサービス、関係機関及び制度の利用につなげる等の支援を行うものである。

③権利擁護事業

権利擁護事業は、地域の住民や民生委員、介護支援専門員などの支援だけでは十分に問題が解決できない、適切なサービス等につながる方法が見つからない等の困難な状況にある高齢者がいる。権利擁護事業は、それらの者を対象として、地域において安心して尊厳のある生活を行うことができるよう、専門的・継続的な視点からの支援を行うものである。

④包括的・継続的ケアマネジメント支援事業

包括的・継続的ケアマネジメント支援事業は、地域の高齢者が住み慣れた地域で暮らすことができるように、主治医と介護支援専門員の連携はもとより、他のさまざまな職種との他職種協働や地域の関係機関との連携を図るとともに、介護予防ケアマネジメント、指定介護予防支援および介護給付におけるケアマネジメントとの相互の連携を図ることにより、個々の高齢者の状況や変化に応じた包括的・継続的なケアマネジメントを実現するため、介護支援専門員に対する後方支援を行うものである。

(2) 介護予防支援

介護予防支援とは、地域包括支援センターが指定介護予防支援事業所として、要支援者のケアマネジメント（介護予防プラン作成）を実施する。

3　地域包括支援センターの現状

地域包括支援センターが設置されてから8年が経過したが、同センターの現状はどうであろうか。本節では地域包括支援センターが抱える四つの問題点を提示したい。

まず一つ目の問題点は、地域包括支援センターの設置数の問題である。地域包括支援センターは、2006（平成18）年4月末に3436箇所（設置率87.8％）だったものが、2008（平成20）年4月には設置率100％を達成し、すべての市町村において地域包括支援センターが設置されたことになった（表4-1）。そして、2012（平成24）年4月末には地域包括支援センターは4328箇所（設置率100％）になったが、そもそも地域包括支援センターは、在宅介護支援センターの相談機能を強化したものなので、在宅介護支援センターは統廃合されている。在宅介護支援センターは、中学校区に1箇所設置される計画であり、全国には約1万箇所の中学校区がある。つまり、在宅介護支援センターの設置計画に比べると、地域包括支援センターの設置数は、約半数以下の設置に留まっている。一つの地域包括支援センターが複数の中学校区という広大な区域を担当していることになる。これ

表4-1　地域包括支援センター設置数

	H24 調査 (平成24年4月末)	H20 調査 (平成20年4月末)	H19 調査 (平成19年4月末)	H18 調査 (平成18年4月末)
センター設置数	4328 箇所	3976 箇所	3831 箇所	3436 箇所
設置保険者数	1580 保険者 100.0％	1657 保険者 100.0％	1640 保険者 98.2％	1483 保険者 87.8％
未設置保険者数	0 保険者	0 保険者	30 保険者	207 保険者

出所：「全国介護保険・高齢者保健福祉担当課長会議資料」（平成25年3月11日開催）

第4章 地域包括支援センターの現状と高齢者の生活実態 55

では地域包括支援センターの基本方針である「高齢者が住み慣れた地域で、尊厳あるその人らしい生活を継続することができるようにすることを目指す」という「地域包括ケア」の実現は困難である。

二つ目の問題点は、地域包括支援センターの職員配置基準の低さである。厚生労働省が示した地域包括支援センターの職員配置基準では、第1号被保険者数約3000-6000人に対して、保健師・社会福祉士・主任介護支援専門員各1名を原則としている。この問題は、一つ目の問題と関連して、地域包括支援センターの設置数が少なく、一つの地域包括支援センターが広大な区域を担当しているにもかかわらず、地域包括支援センターの職員配置数が少ないことである。2006（平成18）年の設立当初に比べれば、地域包括支援センターの職員配置数は改善されたのかもしれないが、2011（平成23）年4月末の職員配置状況は、「3人以上6人未満」のセンターが最も多く、2213箇所（53.5％）と全体の約5割を占めている。次いで「6人以上9人未満」のセンターが941箇所（22.8％）ある（表4-2）。

表4-2 地域包括支援センター職員配置状況

人数	H23調査 (平成23年4月末)		H18調査 (平成18年4月末)	
	箇所	割合	箇所	割合
12人以上	367	8.9%	52	1.5%
9人以上12人未満	321	7.8%	73	2.1%
6人以上9人未満	941	22.8%	236	6.9%
3人以上6人未満	2213	53.5%	2546	74.1%
3人未満	292	7.1%	529	15.4%
計	4134	100%	3436	100%

出所：「全国介護保険・高齢者保健福祉担当課長会議資料」（平成24年2月23日開催）
注）平成25年の「全国介護保険・高齢者保健福祉担当課長会議資料」では、地域包括支援センター職員配置状況のデータが示されなかったので、平成24年の資料を用いて、表を作成した。

三つ目の問題点は、地域包括支援センターの職員配置数が少ないにもかかわらず、2006（平成18）年の介護保険制度改定では、居宅サービス利用者の約半数を占める要支援者への給付抑制のため、地域包括支援セン

ターに介護予防支援(介護予防プラン作成)を一元化させたことである。その背景には、2000(平成12)年の介護保険制度施行以来、増加し続ける要支援者による介護予防サービス費の給付を適正化するためである。また、介護予防支援(介護予防プラン作成)は、居宅介護支援事業所の介護支援専門員に一部委託できる。しかし、介護予防支援(介護予防プラン作成)の介護報酬が要介護者のケアプラン作成の介護報酬よりも低額のため、居宅介護支援事業所への委託も困難な状態である。[注2)]

四つ目の問題は公的責任の後退である。地域包括支援センターの設置主体(平成24年4月末現在)をみると、市町村による直営は1268箇所(直営率29.3%)、委託は3042箇所(委託率70.3%)であり、地域包括支援センターは、圧倒的に委託により運営されている(表4-3)。そして、都市部では委託が多く、地方では市町村直営で地域包括支援センターを運営しているところが多い傾向がある。また市町村のなかには、高齢者の総合相談、虐待防止・権利擁護、介護支援専門員への支援などの事業を委託した

表4-3 地域包括支援センター設置主体

設置主体	H24調査 (平成24年4月末)	
	箇所	割合
直営	1268	29.3%
委託	3042	70.3%
社会福祉法人(社協除く)	1660	38.4%
社会福祉協議会	577	13.3%
医療法人	492	11.4%
社団法人	91	2.1%
財団法人	65	1.5%
株式会社等	70	1.6%
NPO法人	25	0.6%
その他	62	1.4%
無回答	18	0.4%
計	4328	100%

出所:「全国介護保険・高齢者保健福祉担当課長会議資料」(平成25年3月11日開催)

地域包括支援センターに「丸投げ」しているところもある。そのため、市町村における高齢者への相談・支援の機能が脆弱化したところもある。本来、老人福祉法第5条の4で「老人の福祉に関し、必要な情報の提供を行い、並びに相談に応じ、必要な調査及び指導を行い、並びにこれらに付随する業務を行うこと」と市町村の責務が明記されている。多くの市町村では、高齢者福祉への責務を果たさず、公的責任の後退が起きていると言える。

4　地域包括支援センターが対象とする高齢者の生活実態

本節では、筆者が所属している「高齢者の援助拒否・孤立・潜在化問題研究会（代表：小川栄二・立命館大学教授）」が行った「近畿圏内における地域包括支援センター調査」の結果を用いて、地域包括支援センターの状況と同センターが対象とする高齢者の生活実態を述べる。

近畿圏内にあるすべての地域包括支援センター560箇所（2009年1月現在）を対象に、アンケート用紙留置式による調査を実施した。調査期間は2009（平成21）年2月1日から2月28日である。アンケート用紙は郵送により配布・回収した。有効回答数は167票で、回収率29.8%であった。[注3]

表4-4　地域包括支援センターの要援護高齢者発見機能

	度数	割合
地域関係者等との連携により要援護者の発見機能を十分果たせている	33	20.1%
積極的には果たせていないが、徐々に取り組んでいる	110	67.1%
要援護者の発見機能を果たさないといけないがほとんど取り組めていない	14	8.5%
要援護者の発見機能を果たす方針はない	2	1.2%
その他	5	3.0%
合計	164	100%

出所：高齢者の援助拒否・孤立・潜在化問題研究会（2009）地域包括支援センターにおける介護予防・地域支援事業実施状況に関する調査報告書（第1次集計）

地域包括支援センターは、地域包括ケアの第一線機関であり、同センターには要援護高齢者の発見機能が課されている。地域包括支援センターがその機能を「十分果たせている」が33件（20.1％）、「積極的には果たせていないが、徐々に取り組んでいる」が110件（67.1％）という結果になった（表4-4）。本調査は地域包括支援センターが開設して3年目の時期に行われたこともあり、徐々にではあるが地域包括支援センターがアウトリーチ機能を発揮し、要援護高齢者の発見機能の役割を果たそうとしていると言える。

しかし、要援護高齢者の把握方法についてみると、「何らかの形で相談があった事例を把握」が156件（93.4％）と、現段階では相談を受けている状態にあると言える（表4-5）。

表4-5　要援護者の最も頻度が高い把握方法（複数回答）

	度数	回答者数に対する割合
地域の要援護者台帳に基づいて把握	24	14.4％
何らかの形で相談があった事例を把握	156	93.4％
行政からのリストに基づいて把握	50	29.9％
地域関係機関主催の事業を通じて把握	47	28.1％
その他	14	8.4％
合計	291	174.3％

回答者数：167
出所：高齢者の援助拒否・孤立・潜在化問題研究会（2009）地域包括支援センターにおける介護予防・地域支援事業実施状況に関する調査報告書（第1次集計）

初回の相談経路は、「同居家族」が122件（73.1％）、「別居家族」が91件（54.5％）、「本人」が87件（52.1％）の順で多い。そして、本人・親族以外では、「ケアマネジャー」（45件・26.9％）、「福祉事務所等の行政高齢者担当課」（33件・19.8％）はいずれも2割前後だったのに対し、「民生委員」（76件・45.5％）は5割近くを占めており、民生委員との連携が進み、初回相談に繋がっていると言える（表4-6）。

また、初回相談の時点で要援護高齢者の生活状況や健康状態が極端に悪化しており、「緊急性の高い事例の経験がある」と回答した地域包括支

表4-6 初回相談の相談経路（複数回答）

	度数	回答者数に対する割合
本人	87	52.1%
同居家族	122	73.1%
別居家族	91	54.5%
家族以外の親族	4	2.4%
民生委員	76	45.5%
主治医	3	1.8%
福祉事務所等の行政高齢者担当課	33	19.8%
ケアマネジャー	45	26.9%
サービス事業者	7	4.2%
近隣者又は社会福祉協議会	19	11.4%
その他	9	5.4%
合計	496	297%

回答者数：167
出所：高齢者の援助拒否・孤立・潜在化問題研究会（2009）地域包括支援センターにおける介護予防・地域支援事業実施状況に関する調査報告書（第1次集計）

表4-7 初回相談の時点で既に対象者の生活状況や健康状態が極端に悪化し、緊急性の高い事例はあったか

	度数	割合
緊急性の高い事例の経験がある	105	64.8%
緊急性はないが出来る限り早い時期に何らかの手立てが必要な事例の経験がある	49	30.2%
緊急性はなく当面具体的な手立ては必要ないが、継続的な見守りが必要な事例の経験がある	5	3.1%
特に問題となる事例はなかった	3	1.9%
合計	162	100%

出所：高齢者の援助拒否・孤立・潜在化問題研究会（2009）地域包括支援センターにおける介護予防・地域支援事業実施状況に関する調査報告書（第1次集計）

センターは105箇所（64.8％）で、「早い時期に何らかの手立てが必要な事例の経験がある」（49箇所・30.2％）とを合わせると、95.0％の地域包括支援センターが緊急対応事例を経験していると言える（表4-7）。

そして、緊急対応事例として、要援護高齢者の生活状況や健康状態が悪

化していた具体的記載が98事例あった。ここではその一部を紹介する。

住環境が悪化していた事例

○近隣との交流を嫌っている82歳、生活保護受給中の男性独居老人。近所の人から様子がおかしいと連絡があり訪問。家はゴミ屋敷でゴキブリ、ねずみが走り回り、本人はベッドに横たわり、歩行不可能。食事が摂れておらず、衰弱が進んでおり、救急車で搬送。

○高齢者夫婦ふたり暮らしで近隣とあまり付き合いがない。玄関、庭にゴミが山積みとなっており、異臭、烏が来る等、近所の方は夫婦のことを気にかけていた。最近はあまり姿を見ないということで民生委員が救急隊に連絡、警察が入り玄関で声をかけるも反応なし。ガラスを割るも夫は中に入れようとしなかった。妻はやせて起き上がれる状態ではないが、本人も病院に行くのを拒否した。

○ゴミ屋敷状態で本人が認知症、息子が引きこもりで、本人の徘徊もひどく相談を受ける。息子が倒れていたため、緊急介入を行った。

衛生状態が悪化していた事例

○部屋の異様な臭い。害虫発生や散乱あり、汚れた布団に下半身裸で横たわっていた。尻に乾燥した便付着、身体を自力で動かせない状態で発見。声かけに意識不明な応答あり、即救急搬送。

○介護している夫が転倒し、救急搬送、入院。残った妻は数カ月前から歩行不可。認知症もあり、親戚が集まって今後の話し合いを行う場に来て欲しいと依頼があり訪問。親戚、近所付き合いはなく、子もいない状態の中で状態把握に非常に困った。本人は失禁、入浴も数カ月できておらず、脱ぎ捨てられた衣類に尿便汚染あり。不衛生状態。

○近隣の親族が市役所の他部署を経由し相談。だんだん動けなくなったが家族に対して介護拒否があったため、敷布団の上にブルーシートをかぶせ、尿・便汚染の中でほぼ寝たきり状態であった。下肢に壊疽（えそ）もあり、緊急往診依頼して入院にいたった。

食事・栄養状態が悪化していた事例
○ ADL の低下により外出が一切できないにもかかわらず、食事は近所に住む遠縁や知人がたまに運ぶものだけで、1 日 1 食以下、極端な栄養不足。
○介護者が寝込んで、食事もとっておらず、激痩せ状態で、即子どもや親戚に連絡を取り、受診してもらった。
○新聞が溜まっている独居男性宅に民生委員と共に訪問したところ、食事もほとんど食べず、病院への通院も拒否され、民生委員と共に毎日訪問して様子を確認。

　上記の通り、地域包括支援センターが対応してきた事例は、対応に困難を極める事例である。そして、地域包括支援センターへ相談を持ち込まれた際は、すでに高齢者の生活状況や健康状態が悪化していることがわかる。つまり、地域包括支援センターの関わりが予防的な関わりというよりも生活状況や健康状態が悪化した後での対応になっていると言える。
　これは、地域包括支援センターがまだまだ要援護高齢者の発見機能を果たせておらず、何らかの形で相談してこない場合には、地域包括支援センターは要援護高齢者を発見できる可能性が低い状態にある。そして、地域包括支援センターのアウトリーチが届かないことによって、初回相談に繋がらないケースも十分にある。このため、要援護高齢者が潜在化（水面下に隠れて見えなくなる状態）して、上記の事例のように高齢者の生活状況や健康状態の悪化が進行し、緊急性の高い事例となって顕在化していると言える。
　つまり、地域包括支援センターの基本方針である「高齢者が住み慣れた地域で、尊厳あるその人らしい生活を継続することができるようにすることを目指す」という「地域包括ケア」は実現できていないと言える。

5　おわりに

　今回、筆者が示した高齢者の生活状況や健康状態が悪化した事例は、現

象的レベルでの把握に留まり、その実態や背景の考察までにいたっていない。自らサービスを利用しようとせず、そもそも契約制度の介護保険制度に馴染まず、生活状況や健康状態が悪化した高齢者は全国各地に存在する。そして昨今、「ゴミ屋敷」「セルフ・ネグレクト」ということばが注目されているが、まだまだその実態や背景についても明らかになっていない[1]。特に「セルフ・ネグレクト」ということばは、「自己の態度に問題がある」という印象を与え、「セルフ・ネグレクト」は「自己責任」と誤解され兼ねない。「セルフ・ネグレクト」のような生活状況の悪化は、「自己責任」ではなく、社会問題であり、公的責任をもって支援する必要がある。

　「高齢者の援助拒否・孤立・潜在化問題研究会」も筆者も、介護保険制度施行により社会福祉分野に社会保険制度を導入し、市場開放を推進したことによって、自ら援助を求めることが困難な高齢者を制度から排除していると考えている。そして、介護保険制度施行に伴い、行政の公的な機能は後退し、自ら援助を求めることが困難な高齢者への支援機能が低下したと言える。

　さらに地域包括支援センターが設立されてから今日まで、職員配置数が少ない上、担当エリアが広域の地域包括支援センターが数多くある。そして、地域包括支援センターにおける介護予防支援業務の負担が大きく、地域包括支援センターの本来の基幹業務である「総合相談・支援事業」「権利擁護事業」などは手薄になり、高齢者への生活支援として期待された役割を果たせてこなかった。高齢者の生活状況や健康状態が悪化しきってから発見しても支援することは困難であり、逆に要援護高齢者を早く発見すれば生活状況や健康状態の改善もしやすい。そのためにも地域包括支援センターがアウトリーチ機能を発揮し、要援護高齢者の実態把握をし、高齢者の生活状況や健康状態が悪化する前に発見し、支援することが重要である。その一方で、国民は、国及び地方公共団体に対し、老人福祉法に明記されている公的責任を追及することが重要である。

[注]

注1) 2011（平成23）年度より、介護予防事業は「一般高齢者施策」は「一次予防事業」に、「特定高齢者施策」は「二次予防事業」に変更された。そのため、従来「特定高齢者（要介護状態等になる可能性の高い虚弱な状態にあると認められる65歳以上の者）」と呼ばれていた者は「二次予防事業対象者」と呼ばれるようになった。

注2) 介護支援専門員1名当たりのケアプラン作成数が40件未満の場合、要介護1・2の者のケアプランを作成すると、要介護者1名に付き1005単位／月、要介護3・4・5の者のケアプランを作成すると、要介護者1名に付き1306単位／月が支払われる。一方、介護支援専門員が介護予防プランを作成しても要支援者1名に付き414単位／月しか支払われない。介護予防プラン作成の委託の場合は、委託元の地域包括支援センターによって、介護報酬（414単位／月）がもっと減額される場合もある。

注3) 今回、調査に協力頂いた地域包括支援センターの職員に対し、本研究の趣旨と内容について文書で説明した。また、調査への協力は任意であること、プライバシーの保護ならびに事業所・個人を特定できるようなデータの公表をしないこと、研究目的以外にデータを使用しないことを文書で伝え、質問紙の回収をもって調査への同意を得たものとみなした。

[引用文献]

1) 岸恵美子（2012）ルポ　ゴミ屋敷に棲む人々　孤立死を呼ぶ「セルフ・ネグレクト」の実態．幻冬舎．
2) 新井康友（2011）孤独死から見える日本の高齢者福祉．三原博光編，日本の社会福祉の現状と展望，岩崎学術出版社；河合克義（2009）大都市のひとり暮らし高齢者と社会的孤立．法律文化社．
3) 根本博司編（1990）援助困難な老人へのアプローチ．中央法規；世田谷対

人援助研究会編(1999)ホームヘルプにおける援助「拒否」と援助展開を考える. 筒井書店.
4) 新井康友(2004)ホームヘルプ事業の実際と課題——供給主体多元化の問題を軸に. 立命館産業社会論集 第40巻1号, pp. 73-87.

[参考文献]

財団法人厚生統計協会(2010)国民の福祉の動向 2010/2011.
髙橋紘士編(2008)地域包括支援センター実務必携. オーム社.
地域包括支援センター運営の手引き編集委員会(2008)地域包括支援センター運営の手引き. 中央法規.
立命館大学人間科学研究所医療・福祉エンパワーメントプロジェクト・サブプロジェクト高齢者の援助拒否・孤立・潜在化問題研究会・第1次集計作業班(2009)地域包括支援センターにおける介護予防・地域支援事業実施状況に関する調査報告書(第1次集計).
立命館大学人間科学研究所医療・福祉エンパワーメントプロジェクト・サブプロジェクト高齢者の援助拒否・孤立・潜在化問題研究会(2011)地域包括支援センターにおける介護予防・地域支援事業実施状況に関する調査報告書(第2次集計および研究報告書).

第5章 超高齢社会における老老介護の現状と課題

1 はじめに

　国際社会は、65歳の総人口7％を超えたものを高齢化社会、その倍の14％を超えた場合では高齢社会と呼んでいる。内閣府の報告では、いわゆる「団塊の世代」（昭和22（1947）から24（1949）年に生まれた人）が65歳以上となって、平成27（2015）年には3,395万人、「団塊の世代」が75歳以上となる平成37（2025）年には3,657万人に達すると見込んでいる。総人口が減少するなかで高齢者が増加することによる高齢化率は上昇を続け、平成25（2013）年には高齢化率が25.1％で4人に1人、平成47（2035）年に33.4％で3人に1人となる。平成54（2042）年以降は高齢者人口が減少に転じても高齢化率は上昇を続け、平成72（2060）年には39.9％、国民の約2.5人に1人が65歳以上の高齢者となる社会が到来すると推計している。またこの減少に伴い介護・看護のために転職・離職を余儀なくされる数も増え、その推計は14万4000人（2007年総務省「就業構造基本調査」）であり、日本の高齢者介護の社会的背景になっている。

　次節に示すケースは、介護のために働く場を失い、収入も断たれた状況が現代社会にみられ、介護保険を利用したくとも利用できない人たちの存在が示される。Y市における「在宅介護者実態調査」報告には、自宅介護を行う人のほとんどが「大変負担を感じている」との回答が示され、また介護者の4人に1人（25％）は抑うつ症状を呈し、心理的にも、経済的にも負担を抱えていることが明らかになっている。しかしこのような状況に対処すべき専門職の意識は希薄であると言われ、保健・医療・福祉職は、このような方たちのSOSを察知する能力を養い、高齢者のニーズや思い

を受け止める力量と支援に向けた実践力が試されている。

2 老老介護の現状と課題

　2006年2月、介護者である息子が認知症を患う母を殺害し、息子も自殺を図る事件が京都で起きた。息子は、不安やうつ症状、徘徊・暴力といった周辺症状がみられる母の介護を献身的に行い、近所からは孝行息子と言われるほど関係の良い親子であった。経済的には苦しく、食事は2日に1回に切り詰めるほどであったにも拘らず、福祉サービスを利用することはなく、その果ての心中となった。息子は死にきれずに生き残り、裁判の中では「他に取るべき選択肢がなかった」と答えている。老老介護関連の心中事件は、妻を殺害して自分も自殺未遂を図るなどのニュースが、2006年だけでも10数例相次いで発生している。

　2009年には、息子が93歳の父親を暴力によって死にいたらしめる事件が発生している。認知症の父は、話の理解が難しく、息子に不満が高じた結果の事件となった。この例でも息子は仕事を辞めて介護に専念し、排泄もオムツを穿かせることをしないで、汚れた下着を毎回洗うといった献身的な世話を行い、周囲も認めるほどの親子関係にあった。当事者は年金収入のみで、介護費用の捻出が困難であることから介護サービスは利用していなかった。事件発生日の数時間前、息子は遠方の姉に電話をかけていて、「俺疲れた、いや俺が死にそうだ」と訴えたという。この年は62歳の息子が、認知症をもつ両親双方の介護をしていて心理的ストレスによると思われる「突発性難聴」を患った例の報告もみられる。

　介護保険は2000年4月に施行された。必要なサービスを必要時受けることが創設目的の一つとされた。この設立の背景には、他国に類をみない急速な高齢化があり、介護を必要とする高齢者の増加、世帯構造変化に伴う介護者の高齢化、高齢者の置かれた状況によってサービス利用ができない人の存在が、サービス制度や体制に追いついていない現状として浮き彫りになった。

　本章は、高齢者の置かれている問題にどのような困難があり、医療者は

どのような視点からケア提供することが望ましいのかを、実際の事例を基に保健・医療・福祉の具体的な姿勢の提言をする。

事例は、面接の際に録音を取り、継時的な記録として逐語録を起こした。事例1・2は老老介護に対して専門家の関わりが必要なかったケースを、事例3は老老介護に対する専門家の関わり、特に看護師など医療専門職者が関わるべきであったケースを取り上げている。なお倫理的配慮においては、中断や不利益を本人に説明して同意の後に実施した。

3　事例

対象者の概要は以下のとおりである。

表5-1　高齢者の属性（2011.7月現在）

ケース	年齢（歳）	続柄	死別の期間	療養期間（年）	療養者の病名	面接時間（分）
事例1	72	妻	2	1	夫（大腸がん）	120
事例2	67	夫	4	16	妻（くも膜下出血）	120
事例3	68	姉	—	19	弟（Ⅱ型糖尿病 糖尿病性腎症うつ病）	180

〈事例1〉在宅における夫の終末期介護

①介護者の属性

面接対象者：A氏72歳、女性。B県C市在住、温厚。何事にも前向きに取り組み、ホームヘルパーとして社会参加を積極的にかつ労苦を惜しまず行っている。

②生活背景

A氏は社会福祉協議会や地域の団体との関わりが強い。A氏は、布絵本製作団体の代表を行い、布絵本製作やホームヘルパーの資格を用いた地域貢献の実践を積極的に行っている。A氏は、人と人との関わりを重視し、

地域のための援助や協力は惜しまない人柄である。このような思いが社会活動の源泉となって自らを駆り立てて、生活体験も多いことから地域の頼まれごとも多い。ホームヘルパーの資格を活かしたサロンにおける健康相談では実物を示した情報提供や助言・指導を熱心に行っている。

③老老介護の実際

　A氏は、大腸がんを患う夫75歳の介護を1年ほど行った。A氏は、夫の看取りに対しては以下のような思いを持っている。夫はがんによる激痛があり、それに耐えながら闘病生活を送っていて、A氏はその状況を傍らで見ながら介護を行った。

　それまでも両親の入退院や地域ボランティアなどの経験はあったが、本格的な介護は夫が初めてであった。多くの体験があったことで、洗髪時に使用するドライシャンプー[注5]、全身清拭などを用いたケアは難なくスムーズに行えた。それでも夫の苦痛に寄り添う時間では彼女自身も苦しく、夫との寄り添いの経過によって、死期を感じ取る察知能力やA氏自身のこころの準備、夫へのケア判断や最期の瞬間まで寄り添う覚悟につながったと話す。夫に食欲はなく、普段口にしていたカレー、卵焼きなどの匂いに敏感に反応し、嘔気や嘔吐の症状が続出していた。A氏は、夫に何か食べさせたい思いを強く持っていたが、夫の症状がその思いの達成を叶えることはなく、もどかしい日々となった。夫の食事嫌いは日に日に顕著になっていくことから、A氏は精神的に追い詰められ、苦痛は常に感じていたと話す。

　このような経験と知識は、他者をみる目に影響を与え"思いやり"の心が芽生える。人間性は豊かになり、強いては他者の状況の理解や行動における判断となる。地域における彼女の実践活動は、同じ苦労を持つであろう人への情報提供介入や意欲になって実践に結びついている。

④老老介護における医療従事者に対する問題

　介護体験中、A氏にとって忘れることが出来ない医療従事者への思いがあり、以下はその思いを紹介する。

看護師は日頃の会話や対応に丁寧さを心がけ、言動に注意を払う認識をすべきである。ここでは、家族への医療従事者の説明に不十分さがみられ、患者に対する家族の思いや不安の強さを自覚する必要があったと思う。

Ａ氏は、夫の手術において予後の経過や状況を尋ねたときの医療従事者の態度が冷たく、返事も曖昧で素っ気無かったことへの不満があった。夫への付き添いを希望するも断られ、彼女はつらさが増した憤りを語った。このように患者・家族に対するインフォームドコンセント（説明と同意）を行う際は、言動が誤解を与える可能性のあることを医療従事者は認識し、言葉かけを行うにあたっては細心の注意と配慮をする必要がある。

言葉は、相手の置かれた心身状況によってどのようにも受け止められる可能性を持っているので、事例においては、たとえば「何かお困りごとはありませんか」、「ご希望には、○○の理由で、添いかねます」といった理由を明確に説明し、本人から同意を確実に取る必要があったと思われる。

入院や手術に直面した患者・家族の思いは複雑であって、ターミナル期にあって過敏で、苦悩の中にあることを、看護師が察知して、素朴でもやさしい声かけや細やかな気遣い、そして心配りが出来る能力を持つ必要がある。

⑤在宅における夫の終末期介護

Ａ氏は、夫の看取りの悲しみやつらさの経験を地域に向け、自分自身の苦悩をこの活動で和らげていると推測された。Ａ氏の地域に対する思いは、「１人で生きることは難しいことを学んだ」、「仲良く助け合うことの意味を理解した」、「容易な協力を可能にすることを学んだ」といった言葉に代表される。彼女の発言には、社会という枠組みの中に生きる人間の基本的な姿勢が重要であると示唆される。

Ａ氏は多くのボランティアに参加する。視覚障害者には多くの困難が見られるが、Ａ氏は「目の悪い人の手助けになれば」と、社会福祉協議会主催の講座に参加し点字を学ぶ。そのＡ氏の意識には、社会に向けた心構えや姿勢があり、その姿勢が「子どもに本を読み聞かせする人を探している」、「触って読める本を作ってくれる人がほしい」といった要望を受

ける機会をもたらし、その実現に向けた団体設立を行い、さらなる社会参加をA氏にもたらした。A氏の活躍は、地域との接触を保ち、社会福祉協議会や地域の団体との関わりを強化させ、布絵本の製作や本の読み聞かせといった、多くの人との出会いとなって、彼女の生き甲斐や地域活動の源泉になっている。

〈事例2〉病気の妻を積極的に介護した男性

①介護者の属性

面接対象者：D氏69歳、男性。E県F市在住。情緒障害を患い、農業を営む傍ら紙芝居で生計を立てる。妻（発症当時62歳）を介護して見送った後、一人暮らし。

②生活背景

D氏は家族関係が複雑で、幼少より虚弱体質のため下痢を頻繁に繰り返した。生まれた直後に実父が亡くなり、その後は母が再婚したものの、義父はアルコールに溺れ、幼少のD氏は、義父から投げ飛ばされたり、殴られたりする暴力を受けた。時には額を縫う傷も負い、難聴を患うほど強い身体的な暴力を受け、特に幼かった心に大きな傷を残した。

D氏は、幼い時に"楽しみ"を一切持たない子であったと自分を語る。本人は「貰われてきた子」という自覚を持っていて、唯一の「快感情」は夜尿症「寝小便することだった」と話してくれた。金縛りや悪夢にいつも苛まされ、心身の傷によると思われる苦しい思いを経験したと話す。海底に沈んだ朽ちた軍艦から、ガイコツが「おいで～、おいで～」と誘ってくる夢を毎晩みてはうなされていたと訴え、いつも寝ることに恐怖を覚えていたと語った。

日ごろ大人に怒られた養育環境に置かれていたこともあり、多感期となる青少年期の中学の性格は荒れ、年配者と目を見て話す、顔を見て話すことは避けたと思い返す。暴力から逃れるため海の中に1人で潜っては、海中の静けさの中においてのみ「あー生きとる」といった感覚を覚えていた

第5章　超高齢社会における老老介護の現状と課題

と振り返る。

　D氏は、暴力による難聴も重なり、学習障害[注6)]をもたらした可能性が存在していた。緘黙症[注7)]を患い、知識を記憶にとどめることが出来ずに育ち、人の話すことは、口の動きを読み取る「読唇術」によって意思疎通をかろうじて図った、と語る。

　彼の母は本好きで、いつも彼に物語の読み聞かせをしてくれたと話してくれた。D氏の心に暴力行為による大きな傷が宿ったことは推測しうるに容易だが、この母との経験や愛情が、D氏のこころに創造の世界を形成し、過酷な体験を克服し、紙芝居への好奇心や動機づけ、さらには自分の成長につながったと思われた。

③老老介護の実際

　妻が発症した日、D氏は寄付金を募るボランティアを原爆ドームで行っていた。家に帰ると妻は既に倒れていて意識もなく、救急車で入院した。病名はクモ膜下出血であった。手術すべき重篤な状態にはなかったものの、その後のICU[注8)]治療となった。

　D氏は付き添って看病した。1週間後、妻は幸いにも回復をみせた。しかしベッドから起き上がろうとして転落、その妻の状況から自らの手で介護を行う決心を固めた。付き添いをして3ヵ月ほど過ぎたころ、妻はICUから大部屋に移るが、それから1年ものあいだ、D氏は一日たりとも妻から離れることなく看病に専念した。

　病院では、日中、刺激の少ないことから、妻に認知症が出現した。その程度は、付添いであるD氏の顔の識別や、1＋1といった簡単な計算、「いろはにほへと」といった文字さえ書くことが出来なくなっていた。そのため、生活のほぼすべてにわたる身辺介護が必要となった。それでもD氏は、妻の介護に大きな負担を感ずることもなく、自分の出来うる最大限の時間が妻の介護に使える、とその心情を喜びに表した。

④老老介護を乗り越えた夫の心情

　D氏は車の免許を持っていなかった。8時半の外来に間に合うように妻

を車いすに乗せ、雨の日も雪の日も病院まで徒歩で送迎を繰り返した。介護上の振り返りで"辛い"と感ずる気持ちはなかったと思いを語る。むしろ妻の介護から教えてもらうことも多かった、と話してくれた。

D氏には真剣さと必死さがみえた。病床の妻に対する思いは、介護する側の人間性が問われることであり、介護する個人の「人間性の発露」である。D氏の幼少期の体験は、夫婦という2人の絆をさらに強く結びつけた。妻の死亡の日は、結婚記念日であった。妻は、息を引き取る直前、D氏の目を片時も離すことなく見続け、最後に自然と目を閉じた。妻が亡くなった後、彼は次のように心情を呟いた。「天国に行っただけで「亡くなった」とは思ってない。自分の心の中によく妻が出てくるわ。しかし、それだからこそやはり夜は寂しいんよ」。

⑤病気の妻を積極的に介護した男性

D氏との会話に幾度となく聞かれた言葉がある。「自分は40歳になったら死ぬと考えていた」、「自分自身を見切った」、「生死の覚悟を決めた」との発言である。また「今日、お世話になったことは次に返したい」といった言葉も、幾度となく会話の中で聴くことができた。D氏のボランティアの発端は、彼自身による彼自身への"人生"の意味を問い続けた結果に関係していると推測される。「40歳までの命」の思いは自分の行動に影響を与える。その姿勢は、彼を研修やボランティアに向かわせた末の地域における啓発行動である。会話では「心の荒れた子どもたちの更正に役立つ」や、「自分なりに何かできること」といった言葉も語られ、近所の子どもらへの柔道や武道を実際に教える姿勢となっている。

「人を慈しむ」心は、彼自身の自分の成長と、その気持ちがさらに彼を行動に駆り立てる。彼は、義父に暴力を被ったが、祖母、担任・保健室の先生からは愛護を受け、彼はその方たちに"受け入れて"もらった経験をもつ。その記憶は、逆境にあってもめげることのない、自分の成長の糧となったことは否定しえない。

〈事例3〉知的障害者の弟を介護する女性

①要介護者の状況

面接対象者：G氏68歳、女性。H県I市在住。軽度の知的障害[注9]とⅡ型糖尿病腎症[注10]を患う65歳の弟J氏を介護する。姉のG氏は、透析歴の長いJ氏の人工透析送迎を、昭和59年ごろから週3回、S市の病院まで行った。またJ氏はうつ病の診断を数年前に受けていた。

②生活背景

J氏は、Ⅱ型糖尿病腎症を患っていることから、1日4回のインスリン注射が必要で、その実施や内服の管理は介護者である姉G氏が行っている。

J氏は軽度の知的障害を持つため、市内の通所[注11]型知的障害者共同作業所に通っていた。しかし、J氏は体調不良や透析通院を理由に姉に無断で作業所を辞め、その頃よりうつ症状を呈してきて、「あぁ〜 もうどうでもよい」といったなげやりな態度をとったり、「自由の利かない体になってまで、どうして自分は生きているのだろう」といった悲観的な発言を述べるようなったりしてふさぎ込んだ。

人工透析を受けるとき以外、J氏はG氏と共に自宅で過ごす。その状況は姉G氏への依存度を高め、就寝時の眠れないときなどでは横に付き添うG氏に夜間であっても声をかけ、睡眠を妨げる行為は頻回にみられた。また時折シャント閉塞[注12]を繰り返し、その度ごとにシャント拡張術が行われ、3-7日／回、年3-4回程度の入退院が繰り返された。自宅から病院までの距離は遠く、J氏の精神状態を考慮して入院中のG氏は簡易式ベッドに寝泊まりして付き添った。その時でさえも、J氏は夜間せん妄[注13]を繰り返して、リハビリをするといっては急に起き上がり、廊下の手すりを握って練習するかと思えば、その場に急に座り込むといった行為を繰り返してG氏を困らせた。

G氏とJ氏は、2人きりの生活で在宅介護サービスは受けていなかった。在宅介護サービスを受けない理由は、J氏の対人関係の苦手さ、J氏が介護員の自宅への訪問に強い抵抗を示したことにあった。

G氏は、「私の体が動くうちはどうにか頑張るしかない、たった1人の弟なので面倒を見なくてはならない」という思いを強くし、また「周囲に

迷惑をかけてはいけない」といった幼少期よりの親の教えもあり、G氏の介護は孤立的になっていった。透析病院には送迎サービスがあったものの、J氏の送迎サービスへの拒否によって週3回の送迎にG氏が行うなど、日常生活介護の全てを1人でこなしていた。近所に親戚はいるものの、援助を頼むことができない関係にあったことから、G氏はJ氏の透析時間の合間を縫って買い物をしたり友人に会ったり、という生活を続けた。

③老老介護の実際

G氏は温厚な性格だが生真面目一方で、J氏の介護には一生懸命取り組んだ。また本人自らが多くを語ることは少なく、「私は人見知りするから」と述べる。G氏は、J氏が授産施設をやめるまで自宅近くの事務に携わっていた。G氏に婚姻歴はなく、両親がなくなってからの20年、J氏と2人きりの生活を送っている。

G氏は、幼少期より弟の世話が当たり前となって、介護に対する苦痛は感じなかったと話す。J氏の精神状況を考慮し、環境を変えずに可能な限り在宅介護を行いたい、と語る。G氏の介護に対する思いは、「弟の世話をする人は私以外にいない。弟は、私がいないと不安になって探し回るので、今は自分が頑張るしかない」と語る。

一方、G氏は自身の心情に複雑さを示していた。加齢も加わりG氏は、J氏の歩行付き添いや、他の身辺介護に不安を抱いていたのである。G氏は、高血圧の加療中で降圧剤を服用しており、また体格は小柄で、以前にくらべ歩行介助時の支えに最近力が入らなくなった、と身体的不安も訴えるようになっていた。

④老老介護における医療従事者の姿勢

G氏は68歳の高齢にもかかわらず、唯一の身内であるJ氏の介護を10年以上も続けた。問題は、J氏の治療に対する病識の欠如や理解力の不足であり、そのことが日常生活の援助に重く、かつ大きな負担を強いていて、医療ソーシャルワーカーの介入は行われていない状況になっていることにある。

第5章　超高齢社会における老老介護の現状と課題　75

　J氏が知的障害者共同作業所を辞めることなく、継続した生活を保っていたなら、G氏の心身の安定を図ることが可能であった。施設関係者、地域住民、民生委員、同じ障害をもつ保護者などとの交流は行われ、医療従事者からの説明の機会に恵まれ、J氏自身の知識の理解につながり、G氏依存の生活からは脱却できる可能性があった。

　しかしながら、医療ソーシャルワーカーなど医療従事者や地域の介入が行われず"自分たちのことは自分たちで解決する"、"周囲に迷惑をかけない"といった、ハードルの高いこだわりを持つことが原因になって解決をさらに難しくし、地域からは孤立していくようになっている。

　医療従事者は、地域の人々や心身を病む人側に立った意識をもっと深くすべきである。G氏のハードルの高いこだわりは、旧来からの日本的な考え「文化」と言えるが、ここでは彼女らの意識に沿ったケア、彼女らのニーズを引き出すことが必要であって、医療者である我々は意識改革が迫られる。

　積極的な介入は問題解決の手がかりをもたらす。それは、わずかな言動、たとえば何気ない一言をかけるといった、些細な行為であっても人間関係は円滑になり、問題解決の糸口を見出すことを可能にする。重要なのは、この関係の形成であって、連絡をまめに取ることや、声かけが信頼や絆を育み、結果とは異なる状況をもたらしたことは否めない。そしてさらに重要なのは、そのような関係性の大切さを地域住民、医療従事者自らが気づくことである。

⑤知的障害者の兄を介護する女性の状況

　G氏の病気管理とJ氏を取り巻く環境においては、両氏の対人関係調整は図れていない。支援を受けつけない2人の生活は、姉の健康障害やJ氏の介助に対して不測事態を生じせしめる結果を招き、家族崩壊の緊迫さを増加させた。J氏の透析導入では、透析を受けながら作業所に通うためのソーシャルワーカーとの連携調整が必要であった。その不足は、病気や治療の必要性、同時に家族の労力調整や社会資源の活用と支援に逼迫した課題をもたらした。病識の説明や支援のあり方においては、看護師や介護支

表 5-2　こころの表象過程

			〈事例1〉		〈事例2〉
心理	こころの形成	行動	思い表出	利用者の困った状況に気づかないことが気がかり 「介護用品がないからねえ」 ご主人の意思を尊重するという気持ちを持っている	発達過程による影響	心身の障害	虚弱体質でよく下痢をした 「貰われてきた子」という認識を持っている 小さい時のことはほとんど覚えていない 「おいで〜、おいで〜」と誘ってくる海の骸骨の夢をいつもみる 夜尿症だった 算数の出来が良くなかった 緘黙症で理解に乏しく、人の話す口の動きを読み取れにくい 自分の殻にこもり、海の中に1人で潜って遊んだ
			切迫	精神的にも追い詰められ、苦痛も感じた 術後の経過や予後を尋ねても、明瞭な回答をしない医療職の対応に不満		複雑な環境	生後、父親がすぐに亡くなり母親は再婚 義父から虐待を受け難聴になる 大人にいつも怒られ目を見て話せなくなった
	責任ある行動の形成	安定		経済的な援助をする必要性はなかった ご主人は昔気質で静観している性格 ご主人は自分のことは今まで通り行えていた	やさしさの享受		保健室の先生は可愛がってくれた 祖母が「体が弱いから手伝わんでもええ」と言ってくれた 優しい担任の先生に出会い諭された 母はいつも物語の読み聞かせをしてくれた
社会	社会関係性	社会接触		地域の団体との関わりが強い 布絵本作製とヘルパーの資格を活用している 地域で苦しむ方の介護に対して技術の情報提供が可能になり教えたり、助言している	内面の表出		映画の内容をコマ漫画風にアレンジして演出をすることで周囲の関心を引き付けた 級友からの人気を高めた
	介護者との人間関係	充実		看取りを行ってよかった 「苦痛を一緒にわかち合う」気持ちはいつも持ち続けた 「時期がきた」と言い聞かせることができる	苦悩		妻がクモ膜下出血で緊急入院 認知症症状が出て記憶にも曖昧さが出る
		労い		「ありがとう」との感謝の言葉 早く逝く自分のことをご主人が口にしていた 妻のことを思いやる気持ちを持ち合わせていた	愛情		自由にさせてくれた Aさんの顔をずうっと見てから自然に目を閉じた ボランティアのための訓練や介護の予行練習をさせていただいた。教えてもらうことも多かった 「楽しかった。それまではほったらかしでした」
		満足		何度か入退院を繰り返すうちに見よう見まねで介護技術を覚えた 「病院を嫌がる」ことを会話から察する	敬愛		ベッドの下に転落することが見られた お互いが双方に不平や不満がない 自分の心の中によう出てくる。しかしそれだからこそ、夜はやっぱ寂しいんよ」
		安楽			思慕		「天国に行っただけで亡くなったと思ってない」 一日も休まず妻の介護をした 雨の日も雪の日も、8時半の同じ時間帯に車いすに乗せ病院まで徒歩で送迎した 肉体的につらいと思ったこともなく、食事もみな作って食べさせた

第 5 章 超高齢社会における老老介護の現状と課題

	〈事例 3〉	
義務	身体不安	A 氏自身が高血圧である 歩行介助時、支える力が入らなくなってきた 精神安定剤および入眠剤を服用している 降圧薬の内服している
	責務	婚姻歴はなくずっと T 氏と一緒であった 両親がなくなって 20 年間介護してきた
	介助の必要性	煮魚・焼き魚などの骨をとる行為はできない 排尿は尿意があり尿器で対応、排便は一部介助が必要 入浴・清拭ともに一部介助が必要 手すり・誘導でトイレまでなんとか移動するが介護者の支えが必要 透析をした当日などは夜間にせん妄をおこす 共同作業所に通所していたが辞めた
責任	思慮	温厚な性格で、自らを多くを語らない 加齢で A 氏自らの身体面・体力面に不安を覚え、今後の在宅介護継続に不安を抱えてる 夜に眠られないことなどが一番疲れる 世話をするのは当たり前である
	献身	たった 1 人きりの弟が、不安で探す姿から体が動くうちは私ががんばるしかない、 介護に生真面目に一生懸命に取り組む 環境を変えずに在宅介護を行いたい 介護に対する苦痛を感じなかった 介護者が辞める前は事務の仕事をしていた 簡易式ベッドを置き付き添っていた
自立		周囲には迷惑をかけてはいけない 在宅介護は受けていない 介護要員が自分の家に上がることに強い抵抗感を示す 「他の方に来てもらうと片付けが大変」
依存とあきらめ		自分の生きている意味に疑問を感じ、「あぁ〜もうどうでもよい」と発言する 「夜間急にリハビリをするといって起き上がり、廊下の手すりをにぎりしゃがんでいる」 夜間横たわって眠れない時に横に寝ている姉に声をかける

※表現の記載は、逐語録上にみられる記録による

援専門員など専門家の積極的な関わりや、サービス支援のための十分な説明が重要である。

　看護師に求められるべき責務は、治療導入への知識やノウハウの提供のみに限らない。在宅で治療しながら快適な生活を送るための多様な援助、たとえば段差や自立の補助用具の情報提供、生活リハビリといった視点で助言が必要となる。

　J氏は 2010 年 10 月に誤嚥性肺炎のために逝去された。G氏は「最期は私の目をじっと見て逝きました。介護中も大変なことも多かったけど先立たれた後はさびしくて……。」と涙ながら話された。

4　事例のまとめ（高齢者の生活の質と生きがい）

　人は、その個人のおかれた環境、個人の体験や経験によって思考や考え方が変わる。その影響は介護にも及ぶものと推測する。お世話をする視点は、対象をみる介護者がそれまで生きてきた環境や人生背景、つまり人間関係や当人のこころのあり方、行動が、日常の生活全般にわたって現れ、パーソナリティに影響を与える。

　以下は、3事例の高齢者の生活の質や生きがいについて比較考察する。なお3事例はキーワードを「情緒」の言葉に着目して抽出し、意味ごとにまとまりのあるものとしてコード化し、ラベル付けを行った（表5-2）。

　3事例が示す示唆はなんであろうか。表から導きだされることは、絆あるいは人間関係のあり方、関係性の深さが示されている。事例は、親子関係の絆が深く、献身的な介護をする生真面目さが孤立の状況に追い込み、献身的であればあるほど、社会とは無縁に追い込まれるといった、逆説的な示唆を与えている。

　医療・福祉など人に携わる職業は、社会的な接触の有無が大きな意味をもっていることに気づく必要がある。支援には人間関係を基本とする有形無形の技術や知識を得る必要があり、ケアの質や程度は、個人の置かれた環境や人間関係の影響も少なくない。サービスを受ける側の個人のこころのあり方によって、自分の行動や言語が左右され、その相互関係の程度が

その後の介護力に差を生じさせる。

　事例3においては義務や責任が優位を占め、事例1や2のこころのあり方とは異なる。その差は、社会参加に対する行動に違いがみられ、事例1や2においては社会との接触が保たれているものの、事例3では、他者との関係を"自立"の名目で自らが断っている。結果、周囲へのあきらめとなって身内への依存に終始させ、問題を大きくさせた。

　社会的モチベーションは、自分を成長させるために人の協力を求めること、そして自分も協力を提供することである。地域にはこの考えが是非必要であり、地域の良い関係性の育みは住民らの孤立を防止するうえで重要であり、看護師はファシリテーターであり、地域住民の健康を担うべきリーダー的存在である。住民自らが孤立に向かわないよう住民同士の協力意識に働きかけ、住民自らが物事を考え、住民自らのために、看護師を中心とする声かけを相互に行うべきである。

　筆者らは取り組みを既に始めており、今後の日本を考える上で協力関係が必要であると感じている（図5-1）。今後の新しい地域を模索する必要

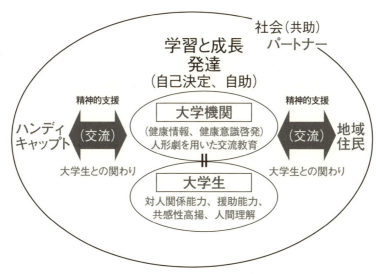

図5-1　社会の健康を目指す交流教育

性は既に生じており、市民が主体となった"シチズンシップコミュニティ"を形成する活動が重要である。

[注]

注1) 認知症による幻覚、(物取られ) 妄想、抑うつ、意欲低下などの精神症状と徘徊、興奮などの行動異常の双方を称する。

注2) 社会福祉法に基づく地域住民の福祉増進を図る民間の自主的組織。

注3) 日常生活を営むのに支障がある高齢者や障害者宅を訪問し相談・援助を行う人。

注4) ひとり暮らしなどの高齢者等が、自宅から歩いていける場所に気軽に集い、ふれあいを通して生きがいを見つけるための活動。

注5) 湯が使用できない患者にアルコールを主とした清拭剤を行うためのシャンプー。

注6) 学習生活における期待能力不相応な学業不振・能力が低いために画一的な指導に追いつけない学力遅滞など身体的、あるいは環境要因によっておこる障害。

注7) 正常な言語能力を持っているのにもかかわらず、全部あるいは一部の生活場面で言葉を発しない、発することが出来ない症状が長期間続くこと。

注8) 重症患者の全身管理を目的に、重点的に治療するために一箇所に集めた場所。

注9) 発達過程に起こった何らかの脳障害の結果、知的能力が障害され身辺対応・社会適応が困難で、医療を初めとする特別な養護や訓練が必要な状態。

注10) 遺伝的かつ環境的要因が重なり発症し、インスリンが低下することで血糖が高い状態を言い、膵細胞が破壊されるⅠ型糖尿病とインスリンの不足を伴う二型糖尿病に分けられる。糖尿病悪化により網膜症、腎症、神経障害の三大合併症を伴う。

注11) 障害を持つ人、低所得者、就労機会を失った人々が共同で働く場所。

注12) 血液透析を必要とする慢性腎不全患者に、人工的に動脈と静脈をつなげ、血液が流れるようにする経路をつくること。

注13) 軽度ないしは中等度の意識混濁を中心に幻覚、不安・恐怖、精神性興奮が現れる状態。

［参考文献］

NHK クローズアップ現代．防げなかった悲劇──相次ぐ介護心中・殺人事件（NO.2262），2006 年 6 月 28 日（水）放送．

NHK クローズアップ現代．男ひとり残されて（NO.2943），2010 年 10 月 4 日（月）放送．

NHK クローズアップ現代．介護を担う家族を救え（NO.2949），2010 年 10 月 14 日（木）放送．

人口動態統計調査，http://www.stat.go.jp/data/psi/1.htm

三浦文夫編（2004）図説高齢者白書（2004 年版）．全国社会福祉協議会．

内薗耕二監訳（2002）老後はなぜ悲劇なのか．メディカルフレンド社．

高室成幸監修（2004）介護保険の基本と仕組みがよ～くわかる本．秀和システム．

平成 21 年簡易生命表，http://www.mhlw.go.jp/toukei/saikin/hw/life/life09/01.html

北川公子ほか（2011）老年看護学──高齢社会と社会保障．医学書院．

向後利昭，鈴木昭平（2011）やっぱりすごい新子どもの脳にいいこと──知的障害は改善できる．コスモトゥワン．

俣野昭三、遠山正彌、塩坂貞夫編（2006）新・行動と脳．大阪大学出版会．

ジョセフルドゥ／松本元・川村光毅ほか訳（2003）エモーショナルブレイン情動の脳科学．東京大学出版会．

テレンス・W・ディーコン／金子隆芳訳（1999）ヒトはいかにして人になったか．新曜社．

三原博光・山岡喜美子・金子努編著（2008）認知症高齢者の理解と援助──豊

かな介護社会を目指して．学苑社．
高坂健次（2008）幸福の社会理論．放送大学教育振興会．
アントニオ・R・ダマシオ／田中三彦訳（2006）無意識の脳自己意識の脳．講談社．
北原義典謎解き人間行動の不思議講談社 2009．
吉田春樹（2008）老老介護──その人生学と経済学．PHP 研究所．
唐鎌直義（2002）日本の高齢者は本当にゆたかか──転換期の社会保障を考えるために．萌文社．

第6章 介護分野における情報の流れと情報システムの検討
——高齢者と情報システムの関わり

1 はじめに

　介護分野は、その特質上、膨大な情報を必要とする。そのため情報システムの導入・活用は不可欠であり、介護情報システムの構築が望ましい。本章は、その構築にあたっての現状と課題を整理し、手探りの状態で進んでいる介護分野での情報化に、合理的な枠組みを提供するための基礎理論と位置づけるものである。

　介護分野の情報化において、最も大きな課題は、高齢者の実態を把握することの難しさである。一般的なネットワークサービスのほとんどは、利用者本人からの自発的な情報発信を前提としているが、高齢者が自ら情報発信することは、極めて稀である。この対策として、情報システムと高齢者を結ぶ橋渡しを検討せねばならない。また、生活環境と地域特性とには、深い関わりがあるため、定量的な情報収集のみならず、エスノグラフィーなどの定性的な分析手法も必要である。

　過去には、様々な独自ネットワークも提唱されてきたが、今日ではインターネットに集約されている。独自ネットワークの構築・運営コストは高いので、最適な介護情報システムを想定するためには、できるだけ既存の要素を活用すべきである。

　なお倫理上の配慮として、事例として取り上げる自治体の名称は特定できる呼称を用いず、アルファベットの先頭からA県B市と割り当てている。

2　介護における情報化の必要性

　2000年4月より実施が始まった介護保険の主たる目的は、社会保障費の増大に歯止めをかけることであった。しかし制度導入後も、社会保障費は増大し続けており、2005年の介護制度改革において、予防重視型システムへの転換が図られている[注1]。

　情報の必要性の第一は、将来予測のために、現在と過去の情報が必要な点である。高齢者の住所、氏名、生年月日、性別などの属性情報はもちろん、意思疎通がどれぐらい可能なのか、歩行や食事に介助が必要か、収入や年金、貯蓄状況も含まれよう。病歴や通院歴、職歴や家族構成など、情報が多ければ多いほど、予測精度は向上する。

　第二の要因は、サービス範囲の細分化である。前掲資料には、「地域密着型サービスの創設」「居住系サービスの充実」も盛り込まれている。これらの実現には、高齢者宅の地理的条件や、介護サービス事業者との地理的距離など、新たな区分に基づいた地域特性情報が必要とされる。そのため、範囲を校区単位にまで狭く絞ることが重要である。地域特性情報には、居住地周辺の気候や地形、医療機関や介護サービス内容、立地条件、料金なども含まれる。また行政サービスの内容、NPO法人、社会福祉協議会、民生委員等の連絡先も地域情報に含まれる。また高齢者の交友関係、よく立ち寄る場所、趣味、宗教なども、何らかの問題発生時の手がかりとなるので、情報として蓄積することが望ましい。このように、介護予防サービスにおける情報の特徴は、項目とその情報量の多さにある。それらを随時更新することも必要である。

　これら膨大な情報量に対して、情報システムは強みを持っている。一点目は、低コストに大容量を実現できることである。家庭用の安価なPCでも現在は1TB以上の記憶容量を持っている。1TBで5000億文字（日本語の場合）を保存できるが、これは標準的な新聞（1部20万字として計算）の74年分にあたる。増設する場合も、さらに大容量のハードディスクドライブが安価に売られている。

情報システムの第二の強みは、ネットワークとの接続である。PCやスマートフォン、タブレットを利用することで、いつでもどこからでも情報を入力できる。ネットワーク上にデータを置き処理することを、クラウドというが、クラウドを利用することで、入力された情報は自動的に集約され、多くのユーザーが共有できる形となる。

3　介護分野における情報の流れ

(1) クライアント・サーバーシステムにおける情報の流れと段階

情報収集の主体者として、地域包括支援センターが創設され、2006年度より運営がスタートしている。介護情報システムにおいても、地域包括支援センターを要とすべきである。情報をまとめておく機器(場所)がサーバーであり、ユーザーの直接操作する機器がクライアントと呼ばれる。このクライアント・サーバーシステム上での情報の流れを表したものが図6-1である。

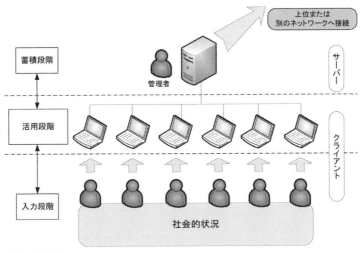

出所:筆者作成。

図6-1　情報の入力・蓄積・活用段階

情報がどう活用されるかは、クライアントの職業や状況で決定される。図6-1では職業や状況を「社会的状況」と表現している。たとえばクライアントが介護士である場合、自分の担当する高齢者とその介護状況の情報が発生する。その情報を他の介護士と共有し、照合することで、自分の介護が適切であったかなどを知ることができる。なお、図6-1で「社会的状況」と表現したのは入力者が、高齢者本人であることも想定しているためである。

サーバーの管理は、専門的な知識を持った管理者に委ねられるが、情報自体の正確性や整合性の責任はクライアントに委ねられる。そのため、情報の有効活用のためには、クライアント側のコンピューターリテラシー向上が重要となる。すでに、医療分野では2004年から医療情報技師試験[注2]が、一般ビジネス分野では1994年から初級システムアドミニストレーター試験[注3]が実施されている。福祉においても、今後は情報教育の充実が必要である。

情報の共有範囲はセキュリティ向上のためにも、ユーザーの属性によって決定する（表6-1）。たとえば、特定の業務しか行わない担当者には、関連情報へのアクセスのみにとどめるべきである。複数の業務を管轄するチーフ的役割を担う担当者には、幅広くアクセスできる権限が必要であろう。そしてシステム管理者は、コンピューターシステム内部の問題を解決するために、すべての情報にアクセスする権限を持つこととなる。なお、ここでの権限とは、ファイルやディレクトリーの読み取り、変更、削除のことである。

表6-1　ユーザー毎の権限（実行可能な機能）の範囲

システム管理者			システムの保守・運用
			ユーザー管理（ユーザーの作成や削除）
			システム全体の設定
	チーフ	一般ユーザーA	ユーザーAが作ったファイル
			共有ファイル（一般的な情報など）
		一般ユーザーB	ユーザーBが作ったファイル

出所：筆者作成。

システム管理者には理系的な専門的知識が求められるため、情報システムを導入する際のネックとなっていた。しかし、現在ではサーバーやシステム管理をも、クラウドを通して、外部の企業に委託する傾向にあるため、このネックは解消しつつある。よって管理責任者を置くのではなく、使用責任者を置き、その組織の運営に積極的に関わることが求められている。一般企業ではCIO（Chief Information Officer）を置き、取締役の一員とすることが増えている。

(2) 地域包括支援センターの役割

情報システムを活用するためには、現実の組織構造も、情報システムに歩み寄ることが必要だといわれる。ここでは、中核的な役割を果たす地域包括支援センターに敷延して検討する。

その運営形態は、自治体による「直営」や、他団体への「委託」、またはその「ミックス」など様々であるが、いずれにおいても行政と密接に関わっているため、上意下達式のヒエラルキー型組織構造になりがちである。問題としてたとえば、介護保険事務処理システムの導入の際に、定期人事異動による構成委員の交代があり、課題事項の調整や決定に時間がかかる点が課題であったという指摘（大谷二郎，2000）がなされている。

事例として、A県B市の地域包括支援センターは、情報ネットワークへの適応力が高いとされるネットワーク型組織への転換を図っている。筆者らの行ったヒアリング調査[注4]では、担当者の多くが、「以前よりも格段に多くの情報が集まるようになった」と回答している。B市で行われた対策は、情報のまとめ役の部門も1プレイヤーとして情報収集に動いたこと、各部門や社会団体などとのミーティングを頻繁に行い問題点の共有化に努めた、などであった。

図6-2は、ネットワーク型組織についてまとめたものである。ヒエラルキー型組織は、下流が上流にしたがう強い関係で結ばれている。一方で、その強い関係を他の組織や組織外の人員と結ぶことは困難であり、多様な情報を収集することには適していない。ヒエラルキー構造は社会の上に立体的に構成されており、組織の底部だけが社会と直接触れているものであ

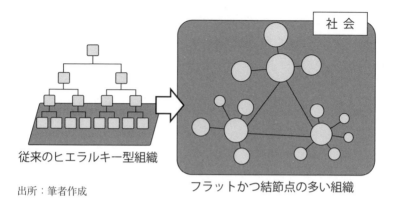

出所：筆者作成

図6-2　ネットワーク型組織への転換

る。しかしネットワーク型組織の場合、基本的に上下関係は存在せず、組織の構成員のすべてが社会の状況に直接触れることとなる。組織内外での関係はゆるやかであるため、階層型の組織よりも多くの結節点を持つこととなる。

　寺本（1983）は、従来の組織はその連帯性が地縁や血縁などに限定され、外の世界に対し、閉じた構造に陥りがちと指摘する。一方でネットワーク型組織は、連帯性を柔軟に設定することで、外の世界に対して開かれている、と指摘している。同時に、「組織内（intra-organizational）と組織間（inter-organizational）を同一の概念装置で分析できる可能性」も指摘している。

　この同一の概念装置が、情報ネットワークといえる。情報ネットワークを生かすためには、委託であれ直営であれ、関係者が同一の情報ネットワークで結ばれ、現実の組織としては、フラットなネットワーク型となることが重要といえる。

4 高齢者からの情報収集

(1) 介護分野における情報システムの問題点

既存の情報システムは、そのほとんどが参加者からの自発的な情報発信を前提としている。Twitter や facebook などの SNS や通販サイトでは、情報発信量が近年爆発的に増大した。アマゾンジャパン・ロジスティクスは 2000 万種類を超える商品（2010 年度）を扱っており、この 10 年で 10 倍以上に増大している[注5]。ネット以外の既存産業においても、商品に対する顧客からの要望や感想が日々蓄積され、これらはビッグデータと呼ばれる。膨大な情報の分析には、従来の統計手法では限界があり、1990 年代頃から新しい分析手法としてデータマイニング[注6]が活用されている（杉田善弘, 2010）。

しかし、介護情報システムでは、高齢者本人からの情報発信は現段階では期待できない。総務省の「通信利用動向調査」によると、高齢者の情報機器の利用率は、PC で 21.7%、携帯電話で 43.3% でしかない。したがって高齢者と情報ネットワークを結ぶ橋渡しが必要となる。このことを整理したものが図 6-3 である。

高齢者側に接続手段がなく、クライアントを設置しただけでは情報が収集されないのならば、高齢者とクライアントの橋渡しが必要となる。この方策について検討を行う。

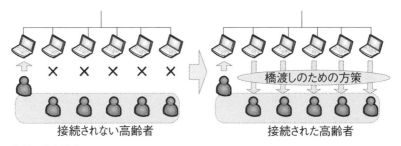

出所：筆者作成。

図 6-3　高齢者における情報の流れの問題

(2) 人員拡充による橋渡し

　高齢者等実態把握調査は度々行われているが、把握状況は全国的に低調である。「介護予防のあり方に関する全国調査」[注7]の中では、基本チェックリスト実施者の割合が目標値50%のところ29.4%であり、把握について「課題は特になし」と答えた自治体は、わずか10%であった。

　この要因は人員不足であるが、恒常的な確保は困難である。しかし、人員拡充は一時的なものでよいと思われる。第一の理由は、次世代の高齢者は、情報機器への親和度が高いためである。前掲資料によると、40代はほぼ全員に近い97%がPCを利用し、50代でも80%近くに達している。ネット利用も進んでおり、Yahoo! Japan社が定期的に行っているアンケート調査[注8]によると、1990年代前半に20-30代であった階層が、現在35-44歳となり、33%と最大割合を占めている。最も伸びているのは45-54歳で2007年に12%だった割合が、2010年には20%となっている。

　第二の理由はハードウェアの性能向上である。現在の高齢者把握調査は、紙で集めた情報をあらためてコンピューターで打ち直すため、効率的とはいえない。情報機器に直接打ち込むことが効率的であるが、必ずしもPCである必要はない。個人の所有するスマートフォンでも十分な能力を有する。Nintendo 3DSなどの携帯型ゲーム機も、利用可能である。すでに製品化されたものもあり、「介護ナビDS」[注9]や「すぐろくDS」[注10]などが挙げられる。ゲーム機はその性質上、タッチペンでの入力が可能であるなど、他の情報機器よりも、ユーザーフレンドリーな設計となっている。

　このように時限的な人員拡充と、既存の機器を活用することで、情報システムと高齢者の橋渡しは、比較的低コストで可能と考えられる。

(3) 制度整備による橋渡し

　地域の過疎化や独居状態など、社会的ネットワークと疎遠になることも、高齢者からの情報収集を困難にする要因である。社会的ネットワークと接続されている現役世代の内に、情報収集しておくことで、この困難さはかなりの程度緩和される。現在高齢者だけを対象としている介護制度を、将

来的にはオランダやドイツなどのように全年齢層を給付対象とすべきであるとの議論がある[注11]が、情報収集の観点でも重要である。現在、第2号被保険者となっている40-64歳までの年齢層を引き下げ、早期の段階で情報収集できるよう法改正が望まれる。

情報インフラ整備と行政の役割についても触れておきたい。情報システムは、光ファイバーなどの高速回線を前提とする。NTTが前身の日本電信電話公社の時代から、日本全国にくまなく電話網を整備することが法により義務づけられている[注12]のと同様に、情報インフラの整備も、2000年のe-Japan戦略以来、行政の役割として位置づけられる。

実際に、A県は県全体で「情報ハイウェイ」を構築し、行政や学校、企業がバックボーンとして利用できるものとした。さらにA県C市は、2008年に行政負担で、すべての家庭または事業所に光ファイバーを敷設している[注13]。各家庭までの回線の最終段階を誰が負担するかは、「ラストワンマイル問題」として、以前から問題であったが、C市は行政で負担をした事例である。当初の目的は老朽化した防災無線の置き換えとしての光ファイバー網の整備であったが、デジタル化情報は他の情報も同時に流すことが可能なため、地上波デジタル放送の難視聴問題や、インターネット接続の問題も解消することとなった。

情報インフラの整備は、道路や水道などよりも、比較的低コストである。C市の場合は、4年間の事業計画で総工費約78億円であった。現在では、LTEやWiMAXなどの無線回線も整備されているが、道路を掘り起こすような工事は不要なため、さらに低コストで設置できる。これら無線規格は100Mbpsを上回り、今後もさらに高速化が予定されている。

5　高齢者のユーザーモデル化とその活用

(1) ユーザーモデル

高齢者にとって、使いやすいシステムに改善することも重要である。ユーザーがどこに着目し、どのような操作をするかを予測することを、ユーザー

モデルというが、高齢者のモデル化も必要である。飯田らの研究（2007）では、パソコン以外の機器の使用経験の有無で、高齢者の振る舞いに違い注14)が生じるので、今後高齢者の属性に合わせて、様々な行動パターンを蓄積してデータベース化することが主張されている。

　上述のC市は高齢化率が35%を超える。高齢者に使用を促すため、情報端末を極限まで簡易化し、全戸に無料配布している（図6-4）。この端末は従来型のボタンとスイッチで操作するものであり、各ボタンと機能の関係は1対1である。コンピューター以前の工業製品は、一つのスイッチで一つの機能であることが多かったので、この仕様は理に適っているといえる。

　画面すら廃止されており、音声によって情報を伝える機器である。イン注15)ターフォンのような外見であるが、れっきとしたLAN端末である。災害情報のオンデマンド受信機能や、高齢者が緊急時にボタンを押すだけで、同時に5人の近隣者に緊急情報をメールで伝える機能を有している。

　高齢者のユーザーモデル構築に関する研究は、ごく限られているのが現状であり、今後さらなる研究が課題である。

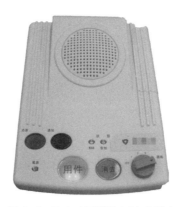

図6-4　E市で無料配布された端末

(2) 分析手法の拡充

　高齢者から収集される情報は、高齢者の居住する地域特性と結びついている必要がある。したがって定量的な統計分析手法だけではなく、エスノグラフィーなどの定性的な分析も必要である。エスノグラフィーは元々異文化を理解する手法であるが、近年ではビジネス分野や情報機器開発など、様々な分野でその手法が用いられている。その目的は、新規サービスの開拓や、潜在的ニーズの把握である。ターゲットユーザーがどのような環境で生活しているか、どのような価値観を持っているのかを、インタビューを繰り返し行ったり、彼らの生活環境に入って観察したりすることで掌握するものである。また、行動経済学においては、ある人がサービスを選択する際、合理的選択を必ずしも行っているとは限らないことも報告されている。価格やサービス内容で選択していると思われていたものが、実際には近所の人から勧められたからなどの、一見非合理的な判断に基づいていることも多いのである。「なんとなくよかったから」などの理由も、エスノグラフィーでは重要視されており、それらの積み重ねは、経験価値要素として扱われる。

　分析にあたり、情報分野から有用なツールと思われるのは、高齢者の動作の分析については行動解析ソフト、どこに注目しているかの分析については、アイマークレコーダー[注16)]などが挙げられる。そして、情報分野から提案できる最大の要素は、高齢期の「孤独」の問題の緩和と考える。情報ツールはコミュニケーションツールとして大変に有用であり、見守りや気づき、声かけ、励ましなどを高齢者同士で行うことを可能とする。たとえば、近年参加者が爆発的に増えている SNS（Social Networking Service）がそれである。代表的な SNS は、Twitter や facebook である。全世界の月間アクティブユーザー数は Twitter が 2 億 5500 万人、facebook が 12 億 8000 万人と発表されている（いずれも 2014 年第一四半期）。SNS を利用した、実験的な試みもすでにいくつか始まっている。徳島県では、NPO 法人の主催する「とくったー[注17)]」が、Twitter と iPhone を用いて、高齢者見守り事業を開始している。高齢者同士での発信も盛んであるとのことである。

SNSに高齢者が積極的に参加したとしても、介護情報システムとは別個のネットワークであり、関係ないのではないかという疑問もあるかもしれない。しかしSNSは、他のネットワークとも数多く結合しており、短期間でユーザー数を増やした要因の一つともなっている。介護情報システムとSNSを接続することは、技術的には何も問題はない。元々インターネットとは、各ネットワークが相互に繋がった状態を指す言葉である。既存の要素を取り入れることが情報システムには重要であるというのが本章の主張である。

6　おわりに

　介護保険制度には、膨大な情報の蓄積が不可欠である。そのためには、情報システムの導入が重要である。できるだけ既存の技術や仕組みを活用することが望ましく、そのことがネットワークに参加する効用を増すこととなる。介護情報システム独自の問題としては、高齢者からの情報収集の困難さ、高齢者のユーザーモデルの検討、分析手法の拡充である。高齢者からの情報収集については、既存のネットワークとは違い、ネットワークの側から高齢者にアプローチする橋渡しが重要である。仕組みとしては、人員の拡充や制度的な改正、行政の対応が求められる。すでにいくつかの事例は存在するが、現在のところ、パズルのピースのようにバラバラに独立している。これらを包括的に結ぶための理論的枠組みの構築が本章の主旨である。

[注]

注1) 介護保険改正法案第52-61条。
注2) 日本医療情報学会が、情報処理技術系・医学医療系・医療情報システム系の3科目を課して実施する。

注3) 財団法人日本情報処理開発協会情報処理技術者試験センターが実施する。2009年より「ITパスポート」試験に改称され、より実務知識を重視したものに移行している。

注4) 2010年度において幾つかの自治体で調査を行った。

注5) アマゾンジャパン・ロジスティクスのプレスリリースより。
http://www.amazon.co.jp/gp/press/info/home/ref=gw_m_b_pr

注6) 有用な情報があるかもしれないという期待のもとに行われるもので、大量のデータと大量の演算を必要とする。

注7) 「介護予防事業の評価の意義」より。発表は厚労省であるが、実施主体は（財）日本公衆衛生協会・介護予防の評価手法の開発委員会である。調査時期は2008年11月。

注8) Yahoo! Japan 第26回アンケート http://docs.yahoo.co.jp/info/research/wua/201012/

注9) 介護ナビDSの情報は、http://www.kaigonabi.jp/index.html

注10) すぐろくDSの情報は、http://www.wiseman.co.jp/welfare/products/care_record.html

注11) たとえば財団法人・長寿社会開発センターによる「介護保険制度の被保険者・受給対象について」など。

注12) 日本電信電話株式会社等に関する法律・第三条の「責務」。

注13) この事例の報告については、佐々木直樹の「地方自治体による福祉情報関連インフラ投資の可能性」（2008年中四国介護福祉学会にて発表）、文献としては佐々木直樹（2010）福祉情報インフラの整備と地方自治体の役割．難波利光他編，福祉社会と情報化, pp. 56-71. である。

注14) ビデオデッキで予約できるかどうかで、パソコン使用にあたっても一定のアドバンテージがあることが示されている。

注15) さらに高機能を希望する世帯には、画面のついた小型のコンピュータも配布されている。

注16) どこを見ているかの視線計測システムのことである。

注17) NPO法人・徳島インターネット市民塾の主催であり、総務省ICTふるさと元気事業に指定されている。http://tokutter.com/index.shtml

[参考文献]

厚生労働省（2005）2005年度介護保険制度改革の概要．2005年6月．

厚生労働省，第16回社会保障審議会資料．資料2-1．

アルビン・トフラー／徳山二郎訳（1990）パワーシフト（Alvin Toffler "POWERSHIFT : Knowledge, Wealth, and Violence at the edge of the 21st century." フジテレビ出版．

日本医療情報学会・医療情報技士育成部会（2009）『新版 医療情報 医療情報システム編．篠原出版新社．

大谷二郎（2000）地方自治体の情報システム共同開発―介護保険事務処理システムの事例比較．日本社会情報学会学会誌12（2），pp. 41-52．

A市地域包括支援センター運営協議会（2009）平成20年度A市地域包括支援センター実務業績．第一回A市地域包括支援センター運営協議会．

コルナイ・ヤーノシュ／盛田常夫編・訳（1984）「不足」の政治経済学．岩波現代選書．

総務省・情報通信政策研究所調査研究部（2011）我が国の情報通信市場の実態と情報流通量の計量に関する調査研究結果（平成21年度）―情報流通インデックスの計量．

総務省・情報通信国際戦略局情報通信政策課情報通信経済室（2010）平成21年「通信利用動向調査」の結果．

厚生労働省・老健局老人保健課（2008）介護予防実態調査分析支援事業の説明と進捗状況．

若月祐介・築地立家（2009）DNA計算によるAES暗号の解読．情報処理学会研究報告AL，アルゴリズム研究会報告，（9），pp. 43-50．

財団法人長寿社会開発センター・介護保険の被保険者・受給者範囲シンポジウム（2008）介護保険制度の被保険者・受給者範囲について．

佐々木直樹（2010）福祉情報インフラの整備と地方自治体の役割．難波利光・原田康美・浅井義彦共著，福祉社会と情報化，pp. 56-71，大学教育出版．

古川徹・佐々木直樹・難波利光（2009）福祉情報システムの構築についての考察―システム管理における行政の役割．山陽論叢16，pp. 15-25．

阪部智一・山田耕一（2000）高齢者用知的支援マウスのためのユーザーモデル構築と同定．日本ファジィ学会第10回インテリジェント・システム・シンポジウム講演論文集，pp. 175-178.

飯田健夫・石本明生・畠中順子（2007）高齢者のIT利用特性に関するデータベースの構築と類別化—ユーザーの注意・記憶力と情報機器の利用特性．ヒューマンコミュニケーショングループ（HCG）シンポジウム，電子情報通信学会技術研究報告，WIT，福祉情報工学 106（612），pp. 103-108.

佐々木直樹・難波利光・原田由美子（2011）福祉系学生と一般学生の情報化への意識の研究—情報教育における比較．京都女子大学紀要第7号，2011.2，pp. 47-54.

杉田善弘（2010）データマイニングの特質と活用．情報の科学と技術 60（6），pp. 218-223.

寺本義也（1983）ネットワーク型組織とコミュニケーション革新．オフィスオートメーション 4（4）1983-11-30，pp.48-53，日本情報経営学会．

第7章　介護サービス供給主体の多様化と介護ビジネスの動向

1　はじめに

　日本における介護サービスの提供は、これまで社会福祉協議会と社会福祉法人にほぼ一元化されていた。しかし、2000年4月の公的介護保険制度（以下、介護保険制度）の創設を機に、介護サービスが多様な供給主体によって提供されるようになってきた。なかでも特に、民間企業は多種多様な介護サービスを提供しており、介護サービス利用者の選択の幅を広げるとともに、積極的な介護ビジネスの展開を通して経済発展に大きく貢献している。民間企業が介護ビジネスを積極的に展開することで、サービス提供事業者間で適切な競争が生じ、サービスの質が向上すれば、利用者が質の高いサービスを選べる機会も増え、利用者の厚生が拡大する可能性が高くなる。

　そこで本章では、介護サービスの供給主体として今後も大きな役割が期待される民間企業の事業活動に焦点をあて、民間企業の介護ビジネスへの参入動向と介護ビジネスの市場動向について概観したうえ、介護ビジネスの経済効果と将来性について論じる。

2　介護サービス供給主体の多様化

　日本では長い間、社会福祉法人を中心とする公的機関によって介護サービスが提供されてきた。「社会福祉法」に基づいて設立された社会福祉法人は、医療行為を主とするサービス以外のほとんどの介護サービスを提供できる。これまで、特別養護老人ホームなどの福祉施設はそのほとんどが

社会福祉法人によって運営されてきた。社会福祉法人のなかでも、すべての市町村に設置されている社会福祉協議会は、地域福祉推進の中核機関として地域の福祉ネットワークの構築だけでなく、在宅介護サービスの供給主体としても大きな役割を果たしてきた。

ところが、2000年4月の介護保険制度の施行を控え、質の高い介護サービスを安定的・効率的・継続的に供給すべく、多様な介護サービス供給主体の介護ビジネスへの誘導が政策的に推し進められた[注1]。それを受け、営利法人（民間企業）をはじめ、医療法人、生協・農協などの協同組合、非営利法人、社団・財団法人などの介護ビジネスへの進出が活発化し、現在は多様なサービス供給主体によって介護サービスが提供されている（図7-1）。

公的機関	営利法人	医療法人	協同組合	非営利法人	その他
●地方公共団体（行政直営）	●株式会社	●病院	●生協	●住民参加型非営利組織（NPO）	●社団法人
●社会福祉法人（社協以外）	●有限会社	●診療所	●農協		●財団法人
●社会福祉法人（社会福祉協議会）	●合資・合名・相互会社				●非法人

出所：筆者作成。

図7-1　介護サービス供給主体

これらの民間事業者は自由な発想によりさまざまな介護サービスを提供しており、利用者のサービス選択の幅を広げている。特に株式会社や有限会社などの営利法人は、介護ビジネスの市場拡大に大きく貢献している。ただし、現在の福祉行政の枠組みのなかでは、営利法人は「介護保険法」に定められた介護保険施設を経営することはできない。

病院や診療所を経営する医療法人は、医療費削減のための診療報酬の抑制による経営環境の悪化を背景に介護ビジネスを強化している。多くの医療法人は老人保健施設をコア施設に、ケアハウス、グループホームな

どを同じ敷地の中に併設して、本業の医療との相乗効果（シナジー効果：synergistic effect）を狙い、サービスの複合化を図っている。また、訪問看護ステーションを通して訪問看護や訪問リハビリテーションなどの在宅介護事業にも積極的に進出している。

生協・農協などの協同組合は、組合員に対する利益還元の一環として介護ビジネスに進出している。農業協同組合は1992年4月に非組合員に対しても介護サービスの提供が可能になるように「農協法」を改正し、民間企業があまり進出しない農村地域におけるサービス供給主体として大きな役割を果たしている。一方の生活協同組合は有償ボランティアによる訪問介護や家事援助サービスを中心に事業活動をしており、主に都市部において積極的に事業を展開している。

1998年12月の「特定非営利活動促進法」の施行により市民権を得た特定非営利活動法人（以下、NPO法人）は、福祉や教育、文化など20の活動分野（2012年3月末までは17分野）で不特定多数の利益の増進に寄与している。内閣府によると、「特定非営利活動促進法」に基づく認証数は2014年6月30日時点で4万9165団体である。そのうち、活動分野として「保健、医療又は福祉の増進を図る活動」を定款に記載している団体は2万8698団体（58.4％）にのぼっている。このことから、NPO法人が介護サービスの担い手として大きな役割を果たしていることがわかる。今後も施設介護サービスが不足しがちな地域、主として中山間地域におけるサービス供給主体として大きな役割が期待されている。

従来の介護サービス供給主体として重要な役割を担ってきた社会福祉協議会も、民間事業者の参入が少ない中山間地域を中心に、現在もなお、介護サービスの担い手として重要な役割を果たしている。

このように、多様な供給主体が介護サービスの担い手となっている。参考までに、2012年10月1日時点（本稿執筆時点の最新データ）の介護保険制度におけるサービス別の開設（経営）主体別事業所および施設の状況をみると、訪問介護、訪問入浴介護、通所介護、特定施設入居者生活介護、福祉用具貸与、特定福祉用具販売、定期巡回・随時対応型訪問介護看護、夜間対応型訪問介護、小規模多機能型居宅介護、認知症対応型共同生活介

表 7-1 開設（経営）主体別事業所の構成割合

2012 年 10 月 1 日現在

		総数	構成割合（%）							
			地方公共団体	日本赤十字社・社会保険関係団体	社会福祉法人	医療法人	社団・財団法人	協同組合	営利法人（会社）	特定非営利活動法人（NPO）	その他
居宅サービス事業所	訪問介護	100.0	0.4	…	21.0	5.9	1.1	2.7	62.6	5.7	0.5
	訪問入浴介護	100.0	0.6	…	40.1	1.8	0.8	0.6	55.5	0.5	0.0
	訪問看護ステーション	100.0	3.1	2.8	8.1	36.0	12.0	3.2	32.6	1.8	0.3
	通所介護	100.0	0.9	…	31.5	6.9	0.6	1.7	53.1	4.9	0.4
	通所リハビリテーション	100.0	3.0	1.5	8.9	76.8	2.7	0.0	0.0	…	7.0
	短期入所生活介護	100.0	2.9	…	82.7	3.5	0.0	0.4	9.8	0.5	0.1
	短期入所療養介護	100.0	4.1	1.8	11.1	77.0	2.7	0.0	0.0	…	3.2
	特定施設入居者生活介護	100.0	1.1	…	25.2	4.2	0.7	0.3	67.4	0.4	0.7
	福祉用具貸与	100.0	0.0	…	2.6	1.4	0.3	2.1	92.3	0.7	0.4
	特定福祉用具販売	100.0	0.0	…	1.5	1.0	0.2	2.0	94.2	0.7	0.3
地域密着型サービス事業所	定期巡回・随時対応型訪問介護看護	100.0	−	…	19.7	11.5	8.2	1.6	59.0	−	−
	夜間対応型訪問介護	100.0	0.7	…	21.9	11.0	2.7	0.7	59.6	3.4	・
	認知症対応型通所介護	100.0	0.7	…	47.7	12.6	1.0	1.6	29.8	6.5	0.2
	小規模多機能型居宅介護	100.0	0.1	…	31.4	13.2	0.8	1.6	45.8	6.9	0.3
	認知症対応型共同生活介護	100.0	0.1	…	23.5	17.6	0.3	0.5	52.9	4.9	0.2
	地域密着型特定施設入居者生活介護	100.0	−	…	30.2	14.9	0.9	0.5	50.0	3.2	0.5
	複合型サービス	100.0	−	…	42.9	−	−	−	50.0	7.1	−
	地域密着型介護老人福祉施設	100.0	9.5	−	90.5	・	・	・	・	・	・
介護予防支援事業所（地域包括支援センター）		100.0	29.4	…	51.6	12.0	3.8	1.0	1.6	0.6	0.1
居宅介護支援事業所		100.0	1.1	…	26.7	17.0	2.6	2.7	45.6	3.6	0.6

(注 1)「・」：統計項目のありえない場合、「…」：計数を表章することが不適当な場合、「−」：計数のない場合である。
(注 2) 訪問看護ステーション、通所リハビリテーション、短期入所療養介護、地域密着型介護老人福祉施設については開設主体であり、それ以外は経営主体である。
(注 3) 厚生労働省では、調査方法の変更等によって回収率に変動が生じていることを理由に、2009 年調査分からは事業所数の実数を公表していない。
(注 4) 構成割合は四捨五入していないため、総数は必ず 100% とは限らない。
出所：厚生労働省「平成 24 年介護サービス施設・事業所調査結果の概況」(2014 年 3 月 13 日公表) を修正。

護、地域密着型特定施設入所者生活介護、複合型サービス、居宅介護支援事業所は「営利法人」、短期入所生活介護、認知症対応型通所介護、地域密着型介護老人福祉施設、介護予防支援事業所（地域包括支援センター）は「社会福祉法人」、訪問看護ステーション、通所リハビリテーション、短期入所療養介護などの医療系サービスでは「医療法人」が最も多い（表7-1）。全体的にみて、開設主体の組織特性と事業内容が連動していることがわかる。

一方、介護保険施設を開設主体別にみると、介護老人福祉施設は「社会福祉法人」が92.4%と最も多く、介護老人保健施設および介護療養型医療施設は「医療法人」がそれぞれ74.4%、81.8%と最も多くなっている（表7-2）。

表7-2 開設主体別施設の構成割合　　　　　　　　　　2012年10月1日現在

		構成割合（％）								
	総数	都道府県	市区町村	広域連合・一部事務組合	日本赤十字社・社会保険関係団体	社会福祉協議会	社会福祉法人（社会福祉協議会以外）	医療法人	社団・財団法人	その他の法人	その他
介護老人福祉施設	100.0	0.8	4.7	1.8	0.1	0.1	92.4	・	・	…	・
介護老人保健施設	100.0	0.1	3.9	0.5	1.9	−	15.5	74.4	2.7	1.0	0.1
介護療養型医療施設	100.0	−	4.3	0.5	1	−	1	81.8	2.6	0.5	8.2

(注1)「・」：統計項目のありえない場合、「…」：計数を表章することが不適当な場合、「−」：計数のない場合である。
(注2) 厚生労働省では、調査方法の変更等によって回収率に変動が生じていることを理由に、2009年調査分からは施設数の実数を公表していない。
(注3) 構成割合は四捨五入していないため、総数は必ず100％とは限らない。
出所：厚生労働省「平成24年介護サービス施設・事業所調査結果の概況」（2014年3月13日公表）を修正。

以下では、介護サービス供給主体のうち、介護ビジネスを最も積極的に展開している民間企業の介護ビジネスへの参入動向と介護ビジネスの市場動向を概観したうえ、介護ビジネスの経済効果と将来性について論じる。

3 民間企業の介護ビジネスへの参入動向

介護ビジネスへの進出時期に基づき民間企業の形態を分類してみると、①介護保険制度が施行される前から地域に根ざした事業を展開してきた福祉関連中小企業、②小さな会社からスタートし、介護保険制度の創設を機に一気に事業を拡大させた福祉関連大手企業、③介護保険制度の創設後に本業との相乗効果を狙って進出してきた異業種企業に大別できる（表7-3）。

表 7-3 事業形態別の事業展開の特徴

形　態	進出時期	特　徴	主要企業
Ⅰ.福祉関連中小企業 （元々在宅福祉サービスを展開していた企業）	介護保険創設以前	資本の小さな会社が多く、地元に密着した事業展開	地域密着型の各企業
Ⅱ.福祉関連大手企業 （小さな会社からスタートし、大企業化した企業）	介護保険創設前後	全国規模での事業所設置	人材派遣会社のグッドウィル・グループが買収した旧・コムスン、医療レセプト事務の請負から成長したニチイ学館、家政婦派遣事業から始まったやさしい手など
Ⅲ.異業種企業 （他業種からの新規参入企業）	介護保険創設後	本業を活かした事業展開、自社の販売網を活用したFC展開	生命保険会社、住宅設備会社、コンビニ、JR、農協、商社、製造業(メーカー)、ファミリーレストラン、タクシー会社など

出所：野地秩嘉（2000）平成のゴールドラッシュ！——介護市場40兆円を狙う人々．PRESIDENT，2000年3月1日号，pp.80-85より作成。

　資本力の弱い福祉関連中小企業は地元に密着した事業を展開し、福祉関連大手企業はその資本力を活かして全国各地に事業所を設置している。他業種からの新規参入企業である異業種企業は、自社の既存の販売網やノウハウを活かした形で事業を展開している。

業種と提供するサービス種別に基づき民間企業の事業形態を分類すると、介護サービス専門企業と介護サービス非専門企業に大別できる。ここでいう介護サービス専門企業は、介護サービスや医療関連サービスを本業として事業を展開している企業である。一方の介護サービス非専門企業は、介護サービスを本業としていない企業であり、いわゆる異業種企業である（図7-2）。

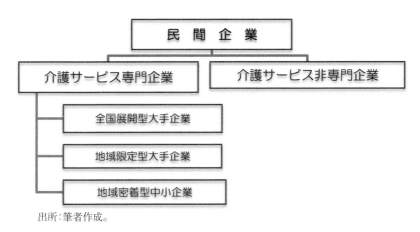

出所：筆者作成。

図7-2　介護ビジネスにおける民間企業の事業形態

　介護保険制度施行後の企業の進出地域を基準にすれば、介護サービス専門企業はさらに三つの形態に分類される（表7-4）。第1タイプは、47すべての都道府県に事業所を設置し、都市部だけでなく、町村部にも進出している全国展開型大手企業である。これに属する代表的企業としてニチイ学館と旧・コムスン、そしてツクイをあげることができる[注2)]。全国展開型大手企業の事業展開の特徴は、介護保険制度の施行を機に事業所を急拡大させたことである。これらの企業は制度創設期市場におけるシェア独占を狙い、株式市場で調達した豊富な資本力をもとに事業所を急拡大させた。

　第2タイプは、全国展開を視野に入れながら、主な進出地域を自社の本社地を中心とした地域に限定して事業を展開している地域限定型大手企業である。このタイプの企業には北海道・東北ブロックを主な事業エリアと

していた旧・ジャパンケアサービス（2012年に3月にメッセージに買収）、関東ブロックを事業エリアとしているセントケア・ホールディングとやさしい手などが属する。これらの企業はニチイ学館や旧・コムスンに比べて資本力がやや弱く、基本的に進出地域を都市部に限定して事業を展開している。

第3タイプは、全国展開せず、事業展開地域をその地域だけに限定して事業を展開している地域密着型中小企業である。もっとも、地域密着型中小企業といっても、その所在地はほとんどが都市部である。地域密着型中小企業は、介護保険制度が施行される以前から行ってきた事業活動を通して、利用者とのあいだに信頼関係を築いている場合が多い。安心感と信頼が利用者確保のための大きな要因であることを背景に、地域密着型中小企業は比較的利用者を確保しやすいといわれている。

表7-4　介護サービス専門企業のタイプ別の事業展開の特徴

事業展開タイプ		事業展開の特徴	主な進出地域	代表的企業
第1タイプ	全国展開型大手企業	豊富な資本力を活かし、47すべての都道府県に事業所を設置し、都市部だけでなく、町村部にも進出	主に都市部＋町村部	ニチイ学館、旧・コムスン、ツクイ
第2タイプ	地域限定型大手企業	全国展開を視野に入れながらも、主な進出地域を自社の本社地を中心とした地域に限定して進出	ほとんど都市部	旧・ジャパンケアサービス（現・メッセージ）、セントケア・ホールディング、やさしい手
第3タイプ	地域密着型中小企業	全国展開せず、事業展開地域をその地域だけに限定して進出	主に都市部＋町村部	地域の小規模企業

出所：筆者作成。

介護サービス非専門企業は、介護ビジネスを本業としていない生命保険、電気機械、自動車、電力・ガス、商社、建設・不動産業など、いわゆる異業種と呼ばれている企業である。これらの企業の事業展開の特徴は、自社

が有している人材、資本、設備、流通チャネル、情報、ノウハウなどの既存の経営資源を十分に活用しながら事業を展開していることである。つまり、本業と関連性の深い事業分野に進出するのである。たとえば、電機メーカーは固有の技術を活かした福祉機器の開発、住宅メーカーは住宅改

表7-5 異業種企業の事業展開の特徴

進出パターン	事業内容		代表的企業
従来の事業分野の対象顧客を高齢者に拡大した進出	□タクシー会社の患者・要介護者移送事業への進出 □給食業者による在宅配食産業への進出など		第一交通、キューピー、加卜吉、すかいらーくなど
既存の経営資源（人材、資本、設備、流通チャネル、ノウハウ、情報など）を活かした進出	経営資源	事 例	日立製作所、東芝、松下電工、NEC、富士通、IBM、ミサワホーム、東京三菱銀行、日本生命、明治生命、住友生命、トヨタ自動車、JR、三菱商事、伊藤忠商事、三越百貨店、ダイエー、セブンイレブン・ジャパン、日本旅行、グッドウィル・グループ、パソナ、ベネッセコーポレーション、セコム、東電、大阪ガス、神戸製鋼所、関西電力など
	固有技術	電機メーカー等による福祉機器の開発	
	顧客網・ブランド力・知名度	銀行・保険、エネルギー、運輸等の業種が、顧客網、知名度、信用力、地域への影響力等を生かした進出	
	ノウハウ・ビジネスシステム	訪問介護と類似のビジネスシステムをもつ人材派遣業やベビーシッター業が、労務管理やクレーム対応等のノウハウを活かして進出	
	インフラ（設備）	通信教育システムを有する企業がヘルパー講座を開催。ホームセキュリティー設備を活用した緊急通報サービス提供	
	遊休地	リストラなどで空室になった社員寮をリフォームし有料老人ホームに進出	
グループ会社および子会社を通した進出	□グループ組織を通じ経営多角化の一環として進出 □子会社、関連会社に業務委託 □共同出資で新会社設立→全国に介護サービス店のFC展開		日立製作所、東芝、松下電工、NEC、富士通、トヨタ自動車、JR、セコムなど

出所：日本経済新聞．1999年10月26日付より作成。

修、タクシー会社は移送、ホームセキュリティー会社は緊急通報事業に進出している。東京電力、松下電工、大阪ガス、神戸製鋼所、関西電力のように、従業員のリストラなどで空室になった社員寮をリフォームして有料老人ホーム事業に進出するケースもある（表7-5）。

4 介護ビジネスの市場動向

　介護保険制度の施行によって、閉鎖市場だった介護市場がコペルニクス的な大転換を果たし、介護ビジネスの市場環境が大きく変わった。従来、日本における介護サービスは、公共サービスとして地方自治体、社会福祉法人、社会福祉協議会などがほとんど独占的に供給しており、営利法人の市場参入は制限されてきた。介護サービスはそれまで税金で賄われてきたため、民間事業者の自由な参入が規制されていたのである。そのため、民間事業者の事業活動は自治体からの業務委託を中心とする事業に限られ、シェアは市場全体の1割にも満たなかった。

　しかし、新自由主義の台頭という世界的な潮流のなかでの経済不況、介護サービスの基盤整備の立ち遅れ、急激な少子高齢社会の進展などを背景とし、1997年12月に「介護保険法」が制定され、民間事業者の介護ビジネスへの門戸が開かれることになった。つまり、公的セクターや非営利法人がほぼ独占してきた介護市場が民間事業者にも開放されることになり、1999年3月に公布された厚生省令による各サービスの指定基準を満たして都道府県の事業者指定を受ければ、民間事業者も自由に介護事業が展開できるようになったのである。

　これにより、介護サービス市場に大きな変化が生じた。すなわち、①利用者の権利意識が高くなり、潜在的な介護ニーズが顕在化して需要が増加した。②サービス価格が介護報酬で統一され、公と民の利用価格の差がなくなった。③民間企業と公的・非営利部門との競争条件がほぼ対等になった（イコールフッティング）。④多様なサービス供給主体の参入によって競争原理が生まれた。換言すれば、民間企業をはじめとする民間事業者のビジネスチャンスが拡大したのである。

第 7 章　介護サービス供給主体の多様化と介護ビジネスの動向　109

　ただ，介護ビジネス市場は成長期市場特有の変動要因も多い。とりわけ，介護保険サービス市場におけるリスクとして，①介護事業の認定（指定事業者取得）等の許認可の必要，②介護報酬のサービス単価の改定（引き下げ），③利用者の自己負担増による利用減少等による収益変動，④ケアマネジャーやホームヘルパー等の有資格者の確保，⑤サービス利用者の個人情報管理などがあげられる。[1]

　民間企業をはじめとする民間事業者にとって最も参入しやすい訪問介護事業では，以上のような事業リスクのため，倒産，吸収・合併，子会社化，サービス提供停止などで介護事業から撤退した事業者が特に多い。介護保険制度施行直後に事業所を大幅に削減した大手介護企業の旧・コムスンのつまずきも影響し，介護保険サービス市場の市場性はそれほど大きくないという認識が介護ビジネスへの参入を予定していた事業者のあいだに広がり，訪問系サービスを中心に事業者の参入が一時鈍化した時期もあった。しかし，全体的には介護サービス事業者は順調に増加している。介護サービスを提供するすべての事業所が登録されている福祉医療機構（WAM NET）によると，2000 年 4 月末に 12 万 9103 箇所だった事業所（みなし

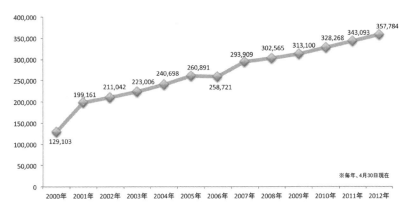

（注）介護サービス情報公表システムの運用により，WAMNET による事業所数の集計による情報提供が 2012 年 10 月からなくなったため，2013 年以降の事業所数は図示できない。
出所：WAM NET「都道府県別介護保険指定サービス事業者登録状況」より作成。

図 7-3　介護保険指定サービス事業所数の推移

事業所を含む)が2012年4月末には35万7784箇所へと2.8倍増している(図7-3)。

　介護ビジネス市場は、新規参入の障壁が低いこともあり、民間企業が参入できる余地が大きく、今後飛躍的な成長が期待できる市場であることは間違いない。介護保険サービス市場に限っていえば、保険者である市町村(特別区を含む)から介護報酬が安定的に入るため、入金面での懸念が少なく、比較的に安定的な経営ができる市場である。たとえば、訪問介護事業の場合、営業費用に占める人件費の割合は大きいが、設備投資負担が小さいため、資産稼働率が高く収益確保がしやすい。

　しかし、介護保険指定事業者を取得するためには手続きが煩わしく、取得した場合は監査を受けなければならないなど、介護保険指定事業者になったがための事業リスクもある。しかも依然として、営利法人には一部の居宅介護サービスと施設介護サービスへの門戸が開かれておらず、訪問リハビリテーション、通所リハビリテーション、短期入所療養介護、居宅療養管理指導、介護老人福祉施設、介護老人保健施設、介護療養型医療施設などへの直接参入は認められていない（表7-6）。現時点における開設主体は、介護老人福祉施設は社会福祉法人、介護老人保健施設は医療法人、社会福祉法人、健康保険組合等、そして介護療養型医療施設は医療法人または個人に限定されている。[注3] つまり、介護老人福祉施設に代表される施設サービスは社会福祉法人を中心とする既存の事業者が担い、介護保険制度の施行によって事業形態が多様化した訪問介護事業などの新市場では営利法人などの新規事業者が激しい競争を繰り広げているという二重構造の市場になっているのである。

　このような理由により、営利法人が条件なしで自由に事業活動できる事業分野は自ずと限られる。一部条件付きの参入が認められている事業分野はあるものの、営利法人は介護保険制度が適用される約6割の介護ビジネスには原則的に参入できない。つまり、営利法人にとっては、介護保険対象の介護ビジネスの市場規模は意外と小さい。2012年度現在で約8.8兆円(総費用)の介護保険制度の市場は将来的に15-20兆円の市場になるといわれている。しかし、民間の取り分は居宅サービスや一部の施設系サービ

スを合わせた3-4兆円程度に過ぎなく、将来的にも営利法人にとっての市場規模はそれほど大きくない。結局、介護保険対象外の周辺サービスに事業範囲を拡大しなければ、薄利多売型の低収益構造の市場から抜け出せず、将来にわたっても安定した収益確保ができないということになる。

表7-6 介護保険対象の介護ビジネスへの参入の可能性

サービス		参入の可否（○：可能　△：条件付）		
		営利法人	医療法人	社会福祉法人
居宅サービス	訪問介護	○	○	○
	訪問入浴介護	○	○	○
	訪問看護	△	○	○
	訪問リハビリテーション	×	○	○
	通所介護	○	○	○
	通所リハビリテーション	×	○	○
	短期入所生活介護	○	○	○
	短期入所療養介護	×	○	○
	居宅療養管理指導	×	○	○
	有料老人ホーム	○	○	○
	ケアハウス	△	○	○
	福祉用具貸与	○	○	○
居宅介護支援		○	○	○
介護保険施設	介護老人福祉施設	×	×	○
	介護老人保健施設	×	○	○
	介護療養型医療施設	×	○	○

(注1) ○：参入可能、△：条件付で参入可能、×：参入不可を意味する。
(注2) 営利法人の条件付き：訪問看護は訪問看護ステーション、居宅療養管理指導は薬局の開設によって参入可能である。
出所：りそなグループ（2008）りそな経済調査．2003年9月号，No.7, p.3を修正。

そこで、以上のような事業リスクを避けるため、敢えて介護保険指定事業者を取得せず、介護保険対象外の介護ビジネスを中心に事業を展開している事業者も増えている。また最近は、介護保険対象の介護ビジネスを中心に事業展開してきた事業者も介護保険制度に頼らない企業体質を作り上げるため、介護保険制度外の周辺サービス、いわゆる横出しサービス事業の割合を増やす事業者が増えてきている。この戦略は事業者の今後の収益を左右する重要な戦略になると考えられる。介護保険サービス市場は、一般の財やサービスのように、需要と供給のバランスのもとにサービスの内容や価格が決定される完全自由市場ではなく、国の財政事情や介護保険財政に大きく左右される準市場（＝擬似市場：quasi-market）であるが、介護保険制度外の市場は完全自由市場であり、市場による価格決定メカニズムが働きやすく、企業の自由競争による市場拡大の余地が非常に大きい市場であると考えられるからである。

介護保険制度が施行されて14年目を迎えた現在、介護ビジネスは制度創設期市場から成長期市場へと発展しつつある。介護ビジネスは、事業収入が介護報酬として定められているため、他産業に比べて事業リスクはさほど大きくない。デフレ不況が続いているなか、これだけ恵まれた市場環境にあるビジネスはほかにないといえよう。サービス価格も需要予測も国から提示され、報酬改定も事前に決定されるため、変化を予測し、リスクを避ける事業計画を容易に立てられるメリットがある。サービス価格や対象を自ら決定し、常に変化し続ける市場で戦略を立てなくてはならない自由市場に比べてリスクがかなり少ない。[2]

しかし逆にいえば、介護保険対象の市場で事業を展開しているすべての事業者にとって、国が政策的に管理しており、3年おきに行われる介護報酬の改定は大きな事業リスクとなる。実際、2003年4月の介護報酬の改定では、国家財政の逼迫等を理由に介護報酬が平均2.3%引き下げられた。その後、2006年4月から施行された改正「介護保険法」のもとでも介護報酬が0.5%引き下げられた（2005年10月の改定分を含めると2.4%減）。ただ、介護サービスの供給主体として民間企業をはじめとする民間事業者に期待しているところが大きいため、事業者が収益を確保できない程度ま

でに介護報酬が極端に引き下げられることは想定しにくい。実際、2009年4月の改定では平均3%、2012年4月の改定では平均1.2%引き上げられた。したがって、市場が政策的に管理されており、制度変更リスクは大きいものの、国の政策変更に合わせる形、ひいては国の政策を予測したうえでの事業の展開ができれば、よほどのことがない限り、倒産に追い込まれる事態には陥らないと考えられる。

5 介護ビジネスの経済効果と将来性

　介護保険制度によって民間の営利・非営利の事業者の参入が促され、介護ビジネスがひとつの産業として確立されつつある。介護保険制度の経済効果として、ストック拡充効果とフロー増大効果があげられる。前者は介護保険事業所および施設の整備・建設から発生する需要とその波及効果である。介護ビジネスは労働集約的産業であり、地域経済の雇用増大と活性化につながる可能性が高い。後者は介護サービス需要の増大がもたらす介護サービス提供者や福祉サービス市場の拡大である。

　丸尾は「生産は経済成長に役立つが福祉は経済にとって重荷であり、成長にはマイナスであると考えられがちである。しかし、成長社会では福祉が成長にも役立ち、価値を生むことを認識すべきである。福祉は単なる再分配ではなく、生産でもある」との発想が必要であると力説している。同氏は福祉産業、つまり介護ビジネスには次のような経済効果があるとする。[3]

　第一に、福祉サービスも福祉関連設備投資も公的支出として、また民間企業活動として直接に付加価値を生みGNPを成長させる（財とサービスの供給増加効果）。第二に、福祉施設の建設も福祉サービスの拡大も総需要の拡大を通じて経済成長と雇用の拡大に役立つ（財とサービスの需要拡大効果）。第三に、高齢者や障害者の雇用を助成したり、子育て期の働く女性を社会的に支援したりする福祉政策は、労働供給を増やし、付加価値を生み経済成長に役立つ（雇用増加効果）。第四に、マイナス財ともいえる財やサービス（bads）をプラス財（goods）に転換し、新たな価値を創

造する(マイナス財の市場財への転化)。第五に、GNPの成長に役立たなくても、福祉サービスが人々を幸福にすれば、立派な価値創造活動である(福祉改善-福祉政策の基本的目的)。

　岡本も「福祉への投資は経済成長に寄与する。医療や福祉は雇用の面からも、今は公共事業より産業への刺激効果が高い」と、福祉の経済効果を高く評価している。4)また永峰は「社会保障および社会福祉の経済波及効果は公共投資に較べ2倍ほど高い」としている。5)福祉への投資は雇用拡大効果のみならず、そこで働く人々の収入が消費という形で、さまざまな産業を活性化させることにもつながる。福祉のために投入されたお金は、回りまわって結局私たちの社会に戻ってくる。社会保障にお金を投入するのは使い捨ての「マイナス投資」ではないのである。

　介護保険制度の施行をきっかけに、介護ビジネスの市場規模が拡大したことは間違いない。高齢者人口の増加と要支援・要介護者の急増を考えると、今後さらに市場が拡大することは確実である。一部の識者は、2050年までには着実に市場が拡大するとしている。しかし、介護ビジネスの将来がバラ色かといえば、必ずしもそうとは言い切れない。介護保険対象の介護ビジネスは、費用の半分を公費で賄う制度ビジネスであるため、常に財源の問題が付きまとうからである。事業者の収益は国が管理する介護報酬によって大きく左右される。国と地方の財政が悪化しているなかにあって、事実、軽度要介護者への保険給付を抑制する方向に制度が改正されている。したがって、介護ビジネスは決して将来性が高いとはいえない。注4)

　ただ、介護ビジネスは国が政策的にかかわる制度ビジネスだけではない。介護ビジネスには完全自由市場で取引きされる介護保険対象外の周辺サービス市場があるのである。保険外サービスやシニアサービスにまで事業範囲を含めると、介護ビジネスの市場規模はとてつもなく大きい。第一生命経済研究所によると、2011年度現在のマクロの高齢者消費は実額で約100兆円になっている。6)ある民間企業の予測によると、将来的に400兆円を超える介護市場が形成されるという。介護報酬に左右される介護保険サービスに固執するのではなく、介護保険対象外サービスも展開すれば、事業者は将来にわたって安定経営ができるであろう。

[注]

注1) 本来、国の責任としてなされるべき社会福祉の民営化について、公的責任の後退・転嫁・否定あるいは放棄と論ずる研究者もおり、社会福祉分野への営利法人の参入に対する批判的な文献が多い（山口厚江『高齢者介護ビジネスの社会的責任』文眞堂、2005年、p. 51）。しかし、利用者が必要とするサービスを自由に選択できるサービス供給システムを構築するためには、社会福祉の民営化による多様な供給体制の整備は必要不可欠である。

注2) 介護報酬の不正請求が問題となり、コムスンは2007年12月1日に介護ビジネスから撤退した。

注3) 民間企業の参入が可能なサービスは、介護保険制度による一部の居宅サービスと保険給付対象外のサービスであり、第2種社会福祉事業の領域である。営利法人による介護保険施設等の第1種社会福祉事業への参入を検討する動向もあるが、営利法人の「機会主義的行動」に対する懸念などにより、一般に施設系・医療系サービス分野に対しては非営利性の要請が強く、現時点では営利法人には施設サービス事業への参入が制限されている。

注4) 「介護バブル」はすでに終わり、これからは生き残って発展する事業者と、市場から撤退を強いられる事業者の二極化が進む（松田尚之『介護・福祉』産学社、2007年、p. 29）との見方もある。

[引用文献]

1) 日本医療企画（2004）介護ビジョン. Vol.13, pp. 34-35.
2) 日本医療企画（2004）介護ビジョン. Vol.27, p. 63.
3) 丸尾直美（1996）福祉供給における市場機能と福祉ミックス. 季刊社会保障研究, Vol.32 No.2, pp. 113-115.
4) 岡本祐三ほか（1996）福祉は投資である. 日本評論社.
5) 永峰幸三郎（1996）福祉への投資の効果は建設投資を上回る. 岡本祐三ほか,

福祉は投資である．日本評論社，pp. 178-201.
6) 熊野英生（2011）100兆円の高齢者消費の行方．Economic Trends，第一生命経済研究所，p. 2.

[参考文献]

岡本祐三ほか（1996）福祉は投資である．日本評論社．
日本医療企画（2004）介護ビジョン．Vol.13, pp. 34-35.
日本医療企画（2004）介護ビジョン．Vol.14, pp. 18-19.
日本医療企画（2005）介護ビジョン．Vol.27, p. 63.
片山富弘・宮城好郎・宣賢奎（2000）介護ビジネスマーケティング戦略．協創出版，pp. 45-73.
厚生労働省，平成22年介護サービス施設・事業所調査結果の概況．
宣賢奎（2006）介護ビジネスと自治体政策．大学教育出版．
宣賢奎（2009）介護ビジネス経営戦略．久美．
宣賢奎・宮城好郎（2003）民間大手企業のシルバーサービス事業への進出に関する研究．岩手県立大学社会福祉学部紀要，第5巻2号，pp. 14-23.
永峰幸三郎（1996）福祉への投資の効果は建設投資を上回る．岡本祐三ほか，福祉は投資である．日本評論社，pp. 178-201.
（2004）日経ヘルスケア21．2004年4月号，日経BP社，pp. 66-70.
（1999）日本経済新聞．1999年10月26日付．
野地秩嘉（2000）平成のゴールドラッシュ！――介護市場40兆円を狙う人々．PRESIDENT，2000年3月1日号，pp. 80-85.
福祉医療機構（WAM NET），都道府県別介護保険指定サービス事業者登録状況．
松田尚之（2007）介護・福祉．産学社，p. 29.
丸尾直美（1996）福祉供給における市場機能と福祉ミックス．季刊社会保障研究，Vol.32 No.2, pp. 113-115.
山口厚江（2005）高齢者介護ビジネスの社会的責任．文眞堂，p. 51.

りそなグループ（2003）りそな経済調査. 2003年9月号, No.7, p. 3.

第8章 介護従事者における非正規雇用の課題 ——ホームヘルパーを事例として

1 はじめに

　公的介護保険制度の導入にともない、高齢者の介護サービス受給者数が増加している。公的介護保険制度では、社会保険方式を導入することで、各自が自分のニーズに応じたサービスを選択することができるとされた。実際、要介護・要支援の認定者数は増加しており、介護給付や介護予防給付のサービス受給者数も増加している。公的介護保険制度が成立するにあたり、介護サービスの提供者として民間事業所の参入が期待され、多様なサービス提供が可能になると言われていた。

　確かに、訪問介護事業を中心に一定の民間事業所が参入したが、地域による事業所の偏在やホームヘルパーの人材確保などの課題があり、当初の目的が達成されたとは言えない。また、そうした状況下で事業所に雇用され介護サービスを提供する介護従事者をとりまく環境も依然として厳しいままである。

　本章では、まず厚生労働省の各種統計や介護労働安定センターの調査より、介護労働市場の現状を明らかにする。次に、介護従事者が多くの割合を占めるホームヘルパーに注目する。ホームヘルパーは、中高年女性のパートタイム雇用者がその中心をしめている。以下、まず介護事業所と介護従事者の動向を概観し、次に専門職としての福祉職について確認する。さらに、ホームヘルパーの働き方とパートタイム雇用の課題をふまえ、最後に、ホームヘルパーをとりまく処遇改善の問題を検討するために、訪問介護事業所へ実施した聴き取り調査を手がかりとして今後の方向性をさぐっていきたい。

2 介護事業所と介護従事者の動向

　高齢化率が25.1%（平成25年）となり、高齢者への介護ニーズはますます高まっている。

　公的介護保険制度の創設以前の公的な高齢者介護サービスは、社会福祉制度である老人福祉法と医療保険制度の下での老人保健法により提供されてきた。しかし、税金を主な財源とした措置制度の枠組みでおこなわれており、市町村がサービスの種類や提供機関を決めるため利用者がサービスを選択することはできなかった。

　また、サービスを受けるためには資産調査が必要であり、本人と扶養義務者の収入に応じた利用者負担になるため中高所得層にとっては負担が重いなどの問題点があった。また、老人医療に関しては、福祉サービスの基盤整備が不十分であったため「社会的入院」が増加し、老人医療費の増加を招いた。このように従来の老人福祉・老人医療制度によって高齢者の介護サービスに対応することに限界が生じ、介護が必要な高齢者の増加に十分対応できないということが社会問題となった。

　さらに、高齢化の進展にともない、寝たきりや認知症の高齢者の増加、一人暮らしの高齢者の増加、核家族化の進行などにより家族による介護力は低下した。そこで、高齢者の介護を家族や個人の責任ではなく、社会全体で支えるしくみが必要であると「介護の社会化」が求められた[注1]。

　公的介護保険制度の導入により、これまで措置制度の枠組みで提供されてきた福祉や介護サービスが市場の原理によって提供されることになった。この「介護サービス市場」の出現により、介護サービスの供給者である事業所および労働者もその状況が変化した。とりわけ「介護労働市場」においても、労働需要側である介護サービス事業所と労働供給側である介護労働者の関係もさまざまな課題をかかえることとなる。こうした「介護労働市場」に関する変化について、需要サイドである介護サービス事業所の状況からみていきたい。

　平成24年「介護サービス施設・事業所調査」[注2]の結果より、介護予防サービスの事業所数をみると、介護予防訪問介護が3万269事業所、介護予防

通所介護が3万2432事業所である。また、居宅サービスの事業所数は、訪問介護が3万1075事業所、通所介護が3万4107事業所である。さらに介護保険施設では、介護老人福祉施設が6590施設、介護老人保健施設が3931施設、介護療養型医療施設が1759施設となっている。

次に開設（経営）主体別事業所数の構成割合をみる。訪問介護、訪問入浴介護、通所介護、特定施設入居者生活介護、福祉用具貸与、特定福祉用具販売、定期巡回・随時対応型訪問介護看護、夜間対応型訪問介護、小規模多機能型居宅介護、認知症対応型共同生活介護、地域密着型特定施設入居者生活介護、複合型サービスでは、いずれも「営利法人（会社）」が最も多くなっている。

また、介護予防支援事業所（地域包括支援センター）では、「社会福祉法人」が51.6%、居宅介護支援事業所では「営利法人（会社）」が45.6%と最も多い。

しかし、介護老人福祉施設では「社会福祉法人（社会福祉協議会以外）」が92.4%、介護老人保健施設及び介護療養型医療施設では「医療法人」がそれぞれ、74.4%、81.8%と最も多くなっている。

次に、供給サイドである労働者側、介護サービス従事者の推移をみる。平成12年から実数での比較可能な平成20年までをみると、ほとんどのサービスで従事者数が増加傾向にある。とりわけ、訪問介護が平成12年の7万6973人から平成20年には16万2753人へと約2.1倍に、通所介護も7万949人から19万8526人へと約2.8倍、認知症対応型共同生活介護の事業所については4375人から11万5430人へと約26.4倍に増加している。また介護保険施設の従事者も増加している。

以下では、介護職員、訪問介護員（ホームヘルパー）の労働実態について、介護労働安定センターによる『事業所における介護労働実態調査』、『介護労働者の就業実態と就業意識調査』（平成24年度）により概観する。

まず平成24年の離職率をみるとホームヘルパーは14.0%、介護職員は18.3%であり、いずれも全産業平均の11.5%（平成24年雇用動向調査結果）に比べると高く、離職者の74%が採用後3年未満の者である。また、採用率はホームヘルパーが19.9%、介護職員が24.7%となっており、流動性が高いといえる。また、介護職の有効求人倍率は、他の職種に比べると高

い水準で推移している。

次に、正規職員と非正規職員の割合をみると、ホームヘルパーの80.1％、介護職員の42.1％が非正規職員であった。介護職の男女比率は、ホームヘルパーの92.0％、介護職員の75.2％が女性であり、職種全体でも80.8％が女性である。

さらに介護従事者の年齢構成をみると、ホームヘルパーは60歳以上が30.2％ともっとも多く、平均年齢も51.5歳と高い。また介護職員は35歳以上40歳未満の12.0％がもっとも多いが、比較的ばらついており、平均年齢は42.0歳である。賃金の支払い形態はホームヘルパーの82.7％が時間給であり平均時間給額は1202円、介護職員は月給の者が56.9％であり、その平均月額は約19万円である。また、主たる生計維持者が「自分」であると回答した者はホームヘルパーで33.7％、介護職員で40.4％である。とくに、ホームヘルパーでは「自分以外」と回答したものが54.3％と半数以上であった。

以上より、ホームヘルパーと介護職員では年齢構成や賃金などに若干の差があるとはいえ、いずれも女性が圧倒的であり非正規雇用者が多く、離職率も高いことから、他の産業と比べてもその労働条件が安定しているとはいえない。実際、労働条件等の不満については、「仕事内容のわりに賃金が低い」との回答が多い。こうした状況が、介護分野における人材不足の要因にもなっており、その処遇の改善が重要である。[注3]

3　専門職としての福祉職

昭和62年に「社会福祉士および介護福祉士法」が成立して初めてわが国で、本格的な社会福祉専門職の国家資格が誕生した。社会福祉士は同法に基づく名称独占の国家資格であり、社会福祉士の名称を用いて、専門的知識及び技術をもって、身体上若しくは精神上の障害があること又は環境上の理由により日常生活を営むのに支障がある者の福祉に関する相談に応じ、助言、指導、福祉サービスを提供する者又は医師その他の保健医療サービスに応じ、助言、指導、福祉サービスを提供する者その他の関係者との

連絡及び調整その他の援助を行うことを業とする者をいう。

　社会福祉士になるためには、さまざまなルートがあるが、基本的には養成施設で指定科目を履修し、国家試験に合格し登録することが必要である。国家試験は例年1月下旬に実施される。筆記試験科目は19科目あり第26回（平成26年）実施の合格率は27.5％であった。この国家試験に合格して登録申請を行い社会福祉士登録証が公布され正式に社会福祉士となることができる。

　介護福祉士も、昭和62年「社会福祉士および介護福祉士法」の成立より誕生している。介護福祉士となる資格を有する者が、所定の事項について登録を受けることにより、介護福祉士の資格を取得することができる。介護福祉士は、介護福祉士の名称を用いて、専門的知識及び技術をもって、身体上又は精神上の障害があることにより日常生活を営むのに支障がある者について心身の状況に応じた介護を行ない、並びにその者及びその介護者に対して介護に関する指導を行なうことを業とする者とされている。

　介護福祉士の資格を取得するためには、①実務経験3年以上、②福祉系高等学校卒業、③厚生労働大臣が指定した養成施設を卒業した者、の3ルートにより介護福祉士国家試験の受験対象者となりうる。国家試験は、年に1回あり、1月下旬に筆記試験（第1次試験）、3月上旬に実技試験（第2次試験）として実施される。[注4]

　筆記試験の科目は10科目群あり、実技試験は介護等に関する専門的技能が問われる。第26回（平成26年）の合格率は64.6％であった。介護保険制度の施行にともない、受験者数が増加しており、合格率はおよそ50％前後で推移している。介護福祉士となるには、厚生労働省に備えられる介護福祉登録簿に登録される必要があり、それが終わると介護福祉士登録書が交付され、正式に介護福祉士となることができる。

　また、介護保険法において訪問介護（介護予防訪問介護）業務に従事できるのは、介護福祉士、都道府県知事の指定を受けた事業者の行う研修の課程を修了し、証明書の交付を受けた者となっている。つまり、上述の介護福祉士の資格を取得しているか、「介護職員実務者研修」（これまでの「訪問介護員1級」や「介護職員基礎研修」に相当）、「介護職員初任者研修」（こ

れまでの「訪問介護員2級」に相当）を受講して修了証明書の交付を受ける必要がある（平成26年9月現在）。

4　ホームヘルパーの働き方とパートタイム雇用

　1980年代以降、高齢者の介護サービスの方向性は「在宅重視」となっている。それは平成17年の介護保険制度の改正にも反映されており、介護予防や地域包括支援センターに重点がおかれた。高齢者の単独世帯が増加している現状で、介護が必要な高齢者が自宅でひとり暮らしでも生活ができるためには訪問介護サービスが不可欠となる。訪問介護事業は民間企業も参入が容易であるため事業所数が増加しているが、営利企業ゆえに撤退も頻繁におこなわれ地域によりサービスに格差が生じる事態にもなっている。要介護者が安心して自宅で介護サービスを受けるためにも、こうした仕事が安定した良好な雇用機会となる必要がある。

　ホームヘルパーはほとんどが女性であり非正規パートタイマーが中心である。近年、非正規雇用者が雇用者全体の40％近くを占めるようになり、男性のパートタイマーも増加してきたとはいえ、パートタイマーの約70％は女性である。さらに賃金も低く既婚女性が中心である。

　他方、労働時間や場所についての選択肢の幅が広い雇用機会であるともいえる。ホームヘルパーは地域密着型サービスが推進される中で24時間体制が求められているために、労働時間の選択肢が24時間へとひろがっており、それぞれのライフスタイルに応じた多様な働き方のニーズに応えることも可能である[注5]。

　このようにホームヘルパーの現状は、パートタイム雇用の問題とジェンダー規範が集中的にあらわれているといえる。つまり、不安定就労でありその対価である賃金は十分に見合ったものとはいえないが、労働者の多くが主たる生計維持者ではない既婚女性であるがゆえに成り立っている状況ではないだろうか。今後、高齢化の進行にともない、さらなる在宅サービスの増加が予想される状況では、介護サービスに携わる労働者の質が重要になり、労働条件の改善は不可欠であろう。こうした状況を改善するため

には何が課題であろうか。

　第1に賃金の低さである。この点については、厚生労働省もサービス提供を担う介護人材の確保・定着が重要であるとして、介護報酬の改定や介護職員処遇改善交付金などを通じて賃上げを促した。平成21年から導入された「介護職員処遇改善交付金」とは、介護職員の処遇改善に取り組む事業者に対して、平成23年度末までのあいだ、介護職員1人当たり月額平均1.5万円を交付するものであったが、実際に賃上げをするかは事業者の判断にゆだねられていた。平成24年度介護報酬改定において、介護職員の処遇改善の取組として、「介護職員処遇改善交付金」相当分を介護報酬に円滑に移行するため、例外的かつ経過的な取り扱いとして、平成27年3月31日までのあいだ「介護職員処遇改善加算」が創設されている。しかし、平成24年介護労働安定センター『介護労働実態調査』によれば、処遇改善加算への対応として一時金の支給が55.6％、諸手当の導入・引き上げが44.1％と多く、基本給の引き上げは26.5％と、これらがすぐに介護職員への継続的な賃金改善につながっているとは言い難い。

　第2に、ホームヘルパーの専門性の問題がある。ホームヘルパーの仕事の多くは、これまで家庭内介護において主に女性が行ってきたケア労働の延長上にあり、このことがその職業的な地位を低いところにとどめている要因のひとつとして指摘されてきた[1]。

　第3に、離職率の高さである。すでにみたように3年以内に80％が離職している。前述したように、ホームヘルパーおよび介護職員と全産業の常用労働者の離職率を比較しても、平均的にみて介護労働者の離職率は高いことがわかる。離職する理由としては、待遇への不満、職場の人間関係への不満、家庭の事情が主である。さらに人員配置の問題として「常勤換算化」があげられる[注6]。これは必ずしもすべての職員が正規である必要はなく、それゆえに仕事の負担や責任などの問題も生じることになる。また、同じ職場に様々な雇用形態、労働時間の人たちが混在することにより、異なった立場の労働者が合意をとりながら使用者と交渉することが難しいという側面も指摘されている。

　このようにホームヘルパーの労働環境については様々な課題が存在す

る。平成24年4月からは24時間体制の訪問サービスもスタートし、その人材確保がますます重要になる。次に、こうした諸問題についてのとりくみについて聴き取り調査をもとに紹介しながら、今後の方向性を検討する。

5 ホームヘルパーの処遇改善への試み

以下は、平成22年2月から3月において筆者がK市の3事業所において実施した聴き取り調査の一部である(注7)。聴き取りを行った事業所の特徴としては、介護保険制度導入前から多くのホームヘルパーを派遣してきた大規模な事業所、社会福祉法人に付設している小規模な訪問介護ステーション、小規模ではあるが以前よりホームヘルパーの連携についてのとりくみをおこなってきた事業所である。

4節で指摘した課題のうち、とくに、離職率と人材育成への取り組みについて特徴的な点を紹介する。いずれの事業所も離職率は低くなく入職者が多い点、採用ルートはハローワークや高校など多様だが、現職のホームヘルパーの口コミによる応募者が中心である点が共通していた。賃金については、契約時間内での最低保障額を決めているケース、景気の影響を受けて時給を下げたら退職者が増加したケースもあったが、いずれも比較的条件としては良好であった。人材育成については、熱心に取り組んでおり定期的な研修やOFF-JT（off-the job training 仕事を離れての訓練）を実施している。さらに仕事上の相談をうけやすい態勢を整えるためホームヘルパー同士の交流会や、事業所をこえてホームヘルパーの「しゃべり場」などを設けていた。

また、訪問先への直行直帰ではなく、一度ステーションに戻り記録をつけてもらうことにより、先輩のホームヘルパーからさまざまなアドバイスを受ける機会を増やそうとしているケースもあった。さらに、ホームヘルパーを組織化して労働組合を立ち上げたケースもあった。

以上から共通してみえてくることとして、①ホームヘルパー同士の連携や交流の機会を重視し、OJT（on-the job training 仕事につきながらの訓練）だけではなくOFF-JTにも熱心であった事業所は、継続的な人材育成や

採用活動にも一定の効果があった、②ホームヘルパーの離職率の低下や能力開発には、仕事上の相談ができ、職場でのコミュニケーションがとれるような体制づくりや、様々な教育訓練の機会を提供することでキャリアアップが可能なしくみが有効である、③労働条件を改善し労働者の権利が尊重されるためには組織的な連携が重要であることが示唆される。平成25年のパートタイム労働者の推定組織率は6.5%であるが、労働者自身の要望を実現させるためにも、労働組合の組織化も含め様々なパートタイム労働者のネットワークの形成が必要だと考える。

6　おわりに

　日本のホームヘルパーの労働は、ジェンダー規範に基づいた「女性労働」としての特徴、および「パートタイム労働」という二つの側面を持っている。介護職の多くは女性であり、ホームヘルパーの90%以上は女性である。また、約60%がパートタイム労働者を中心とする非正規雇用である。これまで「パートタイム労働」は「女性労働問題」として論じられてきたが、ホームヘルパーはこれらの問題が集中的に現れている職種であると考えられる。

　ホームヘルパーとは、介護保険法の指定を受けた訪問事業所で働き、高齢者等の家庭を訪問して家事などの生活援助、入浴などの身体介護を行う者である。すでにみたように介護職員、ホームヘルパーともに増加傾向にあり、関連する事業所も増加している。要介護者の増加に伴い、今後ますますそのニーズは高まると思われる。

　賃金の改善、キャリア形成への支援、職員間の交流や連携、他の事業所とのネットワークの形成などを通じて、ホームヘルパーの地位向上と質の良い雇用機会へとつなげる必要がある。政府の「成長戦略」においても、介護分野における雇用創出がめざされ、またサービスを受ける側の需要も高まることが予想される下では、何よりもその処遇改善が今後の重要な課題である。

[注]

注1) ①1970年代半ばに高齢者福祉政策の重点が「施設整備」から「在宅福祉の充実」へと変化したこと、②1980年代は保健・医療・福祉の連携と在宅サービスが重視されたことなど、政策として「施設から在宅へ」という方針が重視されたことは居宅サービスへのニーズを高める要因となった。

注2) 平成21年より調査の方法及び系統についての変更があったため実数による年次比較はおこなわれていない。平成24年調査では、行政情報から把握可能な項目については、都道府県を対象とした基本票で調査を実施し、施設・事業所数や施設の定員について全数が把握されている。

注3) 厚生労働省においても福祉人材の確保と労働条件の改善が課題としてとりあげられている。たとえば、「福祉人材確保対策検討会」など。

注4) 第29回（平成29年）から資格取得方法が変更となる。

注5) 夜間の緊急対応ができる人材育成が不可欠であることはいうまでもない。

注6)「常勤換算化」とは、兼務している常勤者（当該施設・事業所が定めた勤務時間数のすべてを勤務している者）及び非常勤者について、その職務に従事した1週間の勤務時間を当該施設・事業所の通常の1週間の勤務時間で除し小数点以下第1位で四捨五入した数と、常勤者の専従職員数の合計で、それが基準を満たしていればよい。

注7) 調査期間は2010年2-3月、調査対象は各事業所の責任者3名、ホームヘルパー10名である。

[引用文献]

1) 上野千鶴子（2011）ケアの社会学. 太田出版.

[参考文献]

上野千鶴子(2011)ケアの社会学.太田出版.
介護労働安定センター(2012)平成24年度版　介護労働の現状.Ⅰ・Ⅱ.
厚生労働省(2012)介護サービス施設・事業所調査結果.
厚生労働省(2012)今後の介護人材養成の在り方について.
佐藤博樹・大木栄一・堀田聡子(2006)ヘルパーの能力開発と雇用管理.勁草書房.
全国老人保健施設協会編集(2013)平成25年版　介護白書.TAC出版.

第9章 介護サービス供給における自治体間競争とソフトな予算制約

1 はじめに

　2000年4月に介護保険制度が施行されて、10年以上経過した。介護保険制度とは、市町村が保険者となって、加入者（被保険者）は保険料を支払う対価として、介護が必要な際に保険者から介護サービス等の保険給付を受けることができるものである。この制度が施行され、介護サービスを提供する事業者数は増加し、サービスの種類も多様化しているが、高齢者数の増加により、事業所における人手不足や施設の入所待ちや増加を続ける介護給付費など多くの問題が浮上している。

　他方で、国と地方の役割分担を見直し、地方の自立と財政の健全化を促進するために、地方分権体制が推進されている。今後、地方に介護サービスに関する収入や支出についての権限が付与される状況になると、介護サービスについての自治体間競争が生じる可能性も考えられる。このような介護サービスについての自治体間競争が行われる場合、各地域において自治体が充実した介護サービスを提供できるか否かという問題も生じてくる。

　また、介護サービスの供給において自治体間での格差が生じると、地域間格差の是正及び財源保障のために国による政策的な介入が必要になるだろう。国の政策的介入に関しては、近年、赤字財政にいたった自治体や公企業を国が事後的に補填する状況が確立され、非効率な公共支出を助長してしまうソフトな予算制約が問題となっている。そこで、本章では、高齢者への介護サービスを対象とした自治体間の福祉競争と地方財政において問題となっているソフトな予算制約の関係について考察する。

次節では、自治体間の福祉競争の概念とソフトな予算制約の概念について説明する。3節では、簡単な経済モデルを用いて、高齢者への介護サービスを対象とした自治体間の福祉競争とソフトな予算制約について説明する。そして、最後の4節では、本章で得られた結果及び今後の課題について述べる。

2　福祉競争とソフトな予算制約

(1)　福祉競争の概念

　福祉競争とは、各地域の地方政府（自治体）が介護福祉サービスの供給あるいは福祉給付の支給に関して地方政府同士で競争を行う状況を意味している。この地方政府による福祉競争が生み出すと懸念される帰結の一つは、底辺への競争（race-to-the-bottom）と呼ばれるものである[2]。すなわち、各地方政府が互いに、できる限り介護福祉サービスの供給量あるいは福祉給付の支給額を少なくしようと競争し合う状況にいたる可能性があると考えられている。

　その理由は次のようになる。たとえば、高齢者への介護サービスを対象として、ある地域の地方政府が他の地域に比べて介護サービスを多く供給するとしよう。すると、他地域の高齢者が、より多くの介護サービスを受給することを目的として、その介護サービスの供給が多い地域に移住することになる。それによって、介護サービスを多く供給した地方政府は、他地域から移住してきた高齢者にも介護サービスを供給することが必要となり、介護サービスの供給に関する支出がより増大することになる。そのため、各地域の地方政府には、できる限り他地域からの高齢者の移住を防ぐために、自地域の介護サービスの供給量を少なくするインセンティブがはたらくと考えられる。

　たとえば、海外の先行研究では、貧困者への福祉給付を対象として、地方政府間の福祉競争について理論と実証の両観点から分析が行われている。理論的な観点からでは、各地方政府が福祉競争を行うことにより、各地域で支給される福祉給付額が社会的に過小な水準にいたる可能性がある

ことが示されている[3]。さらに、実証的な観点から、分権化が進んでいるスウェーデンの1人当たり福祉給付の標準的規定を対象に、周囲の地方政府からの影響を検討し、正の効果が確認されている[3]。

このような地方政府による福祉競争は、各地域で供給される介護福祉サービスの供給量あるいは福祉給付額が地域間で異なっていることが原因で生じていると考えられる。実際に日本において、自治体による介護福祉サービスの供給に関して地域間で格差が存在するのだろうか。

高齢者への介護福祉サービスに関する自治体間格差については、医療・介護施設数と充実した高齢者福祉サービスの提供の観点から確認されている[4]。まず、高齢者人口当たりの医療・介護施設数については、地方の方が都市に比べて相対的に整備されていることが確認されている[5]。ところが、高齢者向けの独自サービスがどれほど充実しているか、という観点からでは、都市部の自治体が他の自治体と比べて優れたサービスを提供していることが確認されている。

このように、日本では介護サービスの供給量や介護サービスの質について、地域間で格差が存在しているという状況が確認されているが、充実した介護サービスを受給することを目的として、高齢者が地域間移動を行い、他地域に移住する状況はあるのだろうか。

先行研究では、日本の市町村データを用いて、2000年時点での高齢者1人当たりの介護保険施設数と2000年から2005年にかけての高齢者の移住数とのあいだに正の相関があることが示されており、介護保険施設を増やすことが高齢者の移住を誘発したと解釈されている[6]。

このように日本では、より充実した福祉サービスの受給を目的に受給者の移住が存在しているという状況が確認されている。したがって、今後、地方分権化の推進により、各地域の自治体に介護サービスの供給に関する権限が付与される状況になると、上述で説明した介護サービスの供給を対象とした自治体間での福祉競争が行われる可能性も生じてくるだろう。

(2) ソフトな予算制約の概念

この節では、ソフトな予算制約の概念について説明する[注1]。ソフトな予算

制約とは、予算制約をもつ組織は、赤字となっても事後的に支援組織から補填を受けることができるために、当初に決定された予算制約が緩くなり、予算が規律としてうまく機能しない現象であると定義されている[7]。

これは、国など財政支援組織にとっての事前の最適化行動と事後の最適化行動が一致しなくなり、財政支援組織が事前の行動にコミットできなくなる現象を意味している。ここでコミットできなくなるとは、たとえば国が地方自治体あるいは公的企業に対して、事前には非効率な財政運営を行って破綻する状況に陥った場合でも、補助金支給等により救済しないとアナウンスしておきながら、いざ事が起こって地方自治体あるいは公的企業の財政状況が赤字になってしまうと、救済してしまうという状況を意味する。すなわち、事前に決定した政策を事後には遵守できていない状況である。

1990年代より、このソフトな予算制約の概念が地方財政の理論分析に応用されている。たとえば、政府と公企業とのあいだのソフトな予算制約の問題に焦点をあてた財政システムの比較分析を行っている代表的な先行研究では、中央集権下ではソフトな予算制約が生じるが、地方分権下では政府は税金を公企業の救済にあてるよりも、民間企業のためのインフラ整備にあて、自地域に資本を流入させた方が望ましくなるときには、ハードな予算制約になることが示されている[8]。

3　介護サービス供給における補助金政策の効果

この節では、簡単な経済モデルを用いて、高齢者への介護サービスを対象とした自治体間の福祉競争とソフトな予算制約について説明する。福祉競争について分析されているDahlberg and Edmark（2008）では、貧困者への福祉給付を対象として、主に実証研究を重視した分析が行われており、理論分析については2地域モデルを用いて、自治体間の福祉競争により福祉給付額が社会的に過小な水準にいたる可能性を示している。しかしながら、社会的に過小な福祉給付額を解消すべく国の政策的介入等についても議論することが必要であるが、Dahlberg and Edmark（2008）

ではそのような分析は行われていない。そこで、本章ではDahlberg and Edmark（2008）のモデルを参考にして、高齢者への介護サービスを対象として、自治体間の福祉競争のみならず、福祉競争下での国の補助金政策の効果についても分析する。

(1) モデルによる説明

複数の地域から構成される1国を想定する。いま、ある1地域に注目して福祉競争に関するモデル分析を行う。ある地域の稼働年齢層の人口を1に基準化する。地域内の老年層の人口をNとする。高齢者は、居住地域における自治体より供給される介護サービスを消費する。地域の自治体が供給する介護サービスの水準をBと表す。自治体は、居住する稼働年齢層の住民により構成される。したがって、自治体による介護サービスを供給することの費用は、その地域の稼働年齢層の住民が支払うことになる[注2]。いま、地域の厚生関数を次のように表す。

$$W = x + NB^{\frac{1}{2}} \tag{1}$$

(1)式において、右辺のxは、地域の稼働年齢層の住民による私的財の消費量を表している。ここでの私的財は、ニュメレール財を想定する。したがって、(1)式の右辺第一項目は、稼働年齢層の住民の私的財消費による便益を表している。第二項目は、地域の高齢者が自治体により供給される介護サービスをB消費したときの便益を表している。

地域の自治体の予算制約式を次のように表す。

$$R = x + NB \tag{2}$$

(2)式の左辺のRは地域の税収を表し、外生変数とする。(2)式の右辺第一項目は、地域の稼働年齢層の住民の私的財消費による支出を表している。(2)式の右辺第二項目は、地域の介護サービス供給の支出を表している。

①高齢者による地域間移動がないケース

まず、高齢者による地域間移動がないケースについて説明する。

予算制約式(2)式を厚生関数(1)式に代入すると、厚生関数は次のようになる。

$$W = R - NB + NB^{\frac{1}{2}} \tag{3}$$

(3)式より、地域の介護サービス供給量Bについての厚生最大化の一階条件を求めると、次のようになる。

$$\frac{dW}{dB} = -N + \frac{1}{2}NB^{-\frac{1}{2}} = 0 \tag{4}$$

一階条件(4)式を整理すると、次式が得られる。

$$\frac{1}{2}B^{-\frac{1}{2}} = 1 \tag{5}$$

条件(5)式の左辺は、地域の介護サービスの供給量を限界的に増加させたときの地域の高齢者の便益増加分（限界便益）を表している。条件(5)式の

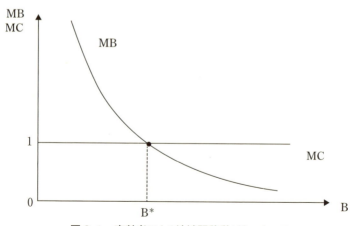

図9-1　高齢者による地域間移動がないケース

右辺は、地域の介護サービスの供給量を限界的に増加させたときの介護サービス供給コストの増加分（限界費用）を表している。したがって、条件(5)式は、介護サービス供給による限界便益と限界費用が一致する条件を表している。

条件(5)式を図示すると、図9-1のようになる。ここで、(5)式の左辺をMB、右辺をMCと表す。

自治体は、このような条件(5)式を満たすように、自地域の介護サービスの供給量を決定する。条件(5)式より、自地域の最適な介護サービスの供給量は次のように求められる。ここで、条件(5)式を満たす介護サービスの供給量をB^*とおく。

$$B^* = \frac{1}{4} \tag{6}$$

②高齢者による地域間移動があるケース

次に、高齢者による地域間移動があるケースについて説明する。すなわち、高齢者が自らの居住地を自由に選択できる場合について考察する。

いま、高齢者が自治体による介護サービスの供給量が相対的に多い地域に居住すると仮定しよう[注3]。このとき、もし、自治体が介護サービスを他地域よりも多く供給すると、他地域の高齢者が自地域に移住するため、地域における高齢者の人口は、自地域の介護サービスの供給量にも依存することになる[注4]。そこで、地域の高齢者の人口を自地域の介護サービスの供給量の関数として、次のように表す。

$$N = N(B) = aB \tag{7}$$

(7)式は、自治体が自地域の介護サービスの供給量を限界的に増加させたときに、aほど地域内の高齢者数が増加することを意味している。これは、自治体の介護サービス供給量の増加により、他地域に居住する高齢者が自地域に移住することにより、自地域の高齢者の人口が増加することを表し

ている。

　したがって、このような介護サービス供給に関する人口の関数(7)式を考慮して、予算制約式(2)式を厚生関数(1)式に代入すると、厚生関数は次のようになる。

$$W = R - N(B)tB + N(B)B^{\frac{1}{2}} \qquad (8)$$

　ここで、(8)式の第二項目について、自治体が介護サービスの供給量を増加させると、他地域の高齢者が自地域に移住し、自地域内の高齢者数が増加することになるが、それに伴い高齢者1人あたりの介護サービス供給の費用が tB に増大するとする。[注5] この高齢者1人あたりの介護サービス供給費用の増加分については、$t > \frac{3}{2}$ と仮定する。

　(8)式より、介護サービスの供給量 B についての厚生最大化の一階条件を求めると、次のようになる。

$$\frac{dW}{dB} = -N(B)t - N'(B)tB + \frac{1}{2}N(B)B^{-\frac{1}{2}} + N'(B)B^{\frac{1}{2}} = 0 \qquad (9)$$

　この一階条件(9)式を整理すると、次式が得られる。

$$\frac{1}{2}B^{-\frac{1}{2}} + N'(B)\frac{B^{\frac{1}{2}}}{N(B)} = t + N'(B)\frac{tB}{N(B)} \qquad (10)$$

　条件(10)式の左辺第一項目は、介護サービスの供給量を限界的に増加させたときの地域の高齢者の便益増加分を表しており、第二項目は、介護サービスの供給量を限界的に増加させたときに、他地域の高齢者が自地域に移住することにより、自地域の社会構成員が増加することによる厚生増加分を表している。他方、条件(10)式の右辺第一項目は、介護サービスの供給量を限界的に増加させたときの介護サービス供給コストの増加分を表しており、第二項目は、介護サービスの供給量を限界的に増加させたときに、そ

の地域に居住する高齢者数が増加することによる介護サービス供給への支出増加分を表している。

したがって、条件(10)式は、介護サービス供給による限界便益と限界費用が一致する条件を表している。条件(10)式を図示すると図9-2のようになる。ここで、(10)式の左辺をMB^m、右辺をMC^mと表す。

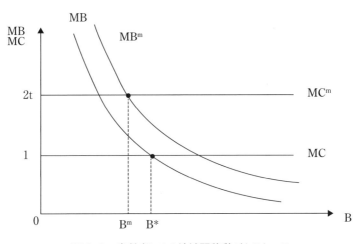

図9-2 高齢者による地域間移動があるケース

自治体は、このような条件(10)式を満たすように、自地域の介護サービスの供給量を決定する。条件(10)式より、自地域の最適な介護サービスの供給量は次のように求められる。ここで、条件(10)式を満たす介護サービスの供給量をB^mとおく。

$$B^m = \frac{9}{16t^2} \quad (11)$$

(6)式と(11)式の比較により、高齢者による地域間移動があるケースでの最適な介護サービス供給量が高齢者による地域間移動がないケースでの最適な介護サービスの供給量よりも少なくなることがわかる（$B^m < B^*$）[注6]。

この結果の解釈については、次のようになる。高齢者による地域間移動がないケースでの介護サービスの供給量決定についての一階条件(5)式と高

齢者による地域間移動があるケースでの介護サービスの供給量決定についての一階条件(10)式を比較すると、高齢者による地域間移動があるケースの方が、介護サービス供給についての限界便益と限界費用の両方が大きいことがわかる。ここで、図9-2のように本章のモデルにおいては、高齢者による地域間移動がある状況では限界便益を高く評価する程度よりも限界費用を高く評価する程度の方が大きくなる。これは、介護サービスの供給量の増加により、他地域の高齢者が自地域に移住することになり、高齢者1人あたりの介護サービス供給における費用が増大することが大きく影響している。

したがって、高齢者による地域間移動があるケースでは、介護サービスを供給することに要する費用の他に、介護サービスの供給量を増加させることによって、自地域に居住する高齢者数が増加し、介護サービスへの支出がより増加するというコストが生じるため、高齢者による地域間移動があるケースでの最適な介護サービスの供給量が高齢者による地域間移動がないケースでの最適な介護サービスの供給量よりも少なくなると考えられる。

③高齢者による地域間移動があるケースでの補助金政策の効果

この節では、高齢者が自らの居住地域を自由に選択できる状況下で、国が自治体に補助金を支給する状況を想定して、自治体が決定する介護サービスの供給量について考察する。

まず、国から自治体に支給される補助金を次のように表す。

$$S = \alpha NtB \tag{12}$$

(12)式は、地域の介護サービス供給の費用が NtB であるときには、αNtB ほど国が自治体に補助金を支給することを表している。補助率 α については、$0 < \alpha < 1$ と仮定する。これは、各地域の自治体が公共支出を行い、不足した財源は国からの補助金によって補填されるという状況を意味している。たとえば、今日の地方交付税制度にもみられるように、各地域の自

治体が公共支出を行い、当初予定していた支出額よりも実際の支出額が上回ってしまった場合には、国からの追加的な交付税によって補填されるという状況を反映している[9]。すなわち、国が補助金政策にコミットできていない状況を想定している。

補助金関数(12)式を考慮すると、自治体の予算制約式は次のようになる。

$$\alpha NtB + R = x + NtB \qquad (13)$$

(13)式の左辺は自治体の収入を表しており、右辺は自治体の支出を表している。

前節と同様に、高齢者による地域間移動がある状況を想定し、高齢者が自治体による介護サービスの供給量が相対的に多い地域に居住すると仮定する。このとき、もし、自治体が介護サービスを他地域よりも多く供給すると、他地域の高齢者が自地域に移住するため、地域における高齢者の人口は自地域の介護サービスの供給量にも依存することになる。

したがって、(7)式を考慮して、予算制約式(13)式を厚生関数(1)式に代入すると、厚生関数は次式のようになる。

$$W = -(1-\alpha)N(B)tB + R + N(B)B^{\frac{1}{2}} \qquad (14)$$

(14)式より、介護サービスの供給量 B についての厚生最大化の一階条件を求めると、次のようになる。

$$\frac{dW}{dB} = -(1-\alpha)N(B)t - (1-\alpha)N'(B)tB + \frac{1}{2}N(B)B^{-\frac{1}{2}} + N'(B)B^{\frac{1}{2}} = 0 \qquad (15)$$

一階条件(15)式を整理すると、次式が得られる。

$$\frac{1}{2}B^{-\frac{1}{2}} + N'(B)\frac{B^{\frac{1}{2}}}{N(B)} = (1-\alpha)\left(t + N'(B)\frac{tB}{N(B)}\right) \qquad (16)$$

条件(16)式の左辺は、介護サービス供給についての限界便益を表しており、右辺は介護サービス供給についての限界費用を表している。よって、条件(16)式は、介護サービス供給による限界便益と限界費用が一致する条件を表している。条件(16)式を図示すると、図9-3のようになる。ここで、(16)式の左辺を MB^s、右辺を MC^s と表す。

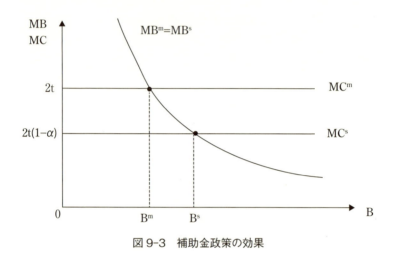

図9-3 補助金政策の効果

自治体は、このような条件(16)式を満たすように自地域の介護サービスの供給量 B を決定する。条件(16)式より、自地域の最適な介護サービスの供給量は次のように求められる。いま、条件(16)式を満たす最適な介護サービスの供給量を B^s とおく。

$$B^s = \frac{9}{16t^2(1-\alpha)^2} \tag{17}$$

最適な介護サービス供給量 B^s に関して、補助率 α について比較静学分析を行うと次のようになる。

$$\frac{dB^s}{d\alpha} = \frac{9}{8t^2}(1-\alpha)^{-3} > 0 \tag{18}$$

したがって、(18)式より、補助率が上昇すると、最適な介護サービスの供給量が増加することがわかる。この比較静学の結果については、補助率 α が上昇すると、自治体による介護サービス供給についての限界費用 MC^s が低下することに起因している。

次に、高齢者による地域間移動がある状況下で、国から補助金が支給されないケースと国から事後的に補助金が支給されるケースの各ケースにおける最適な介護サービスの供給量を比較する。

(11)式と(17)式を比較すると、国から補助金が支給されないケースでの最適な介護サービスの供給量よりも国から事後的に補助金が支給されるケースでの最適な介護サービスの供給量の方が多くなることがわかる ($B^s > B^m$)。

このような結果の解釈については、次のようになる。高齢者による地域間移動がある状況を前提として、国から補助金が支給されないケースでの介護サービスの供給量決定についての一階条件(10)式と国から事後的な補助金が支給されるケースでの介護サービスの供給量決定についての一階条件(16)式を比較する。左辺の介護サービス供給についての限界便益については同一 ($MB^m = MB^s$) であるが、右辺の介護サービス供給についての限界費用については、国から事後的に補助金が支給されるケースの方が小さくなる ($MC^s < MC^m$) ことがわかる。これは、国から自治体への事後的な財政補填があるため、自治体は介護サービスの供給量を決定する際に、その供給の限界費用を低く評価していることを意味している。

したがって、最適な介護サービスの供給量について、事後的に補助金が支給される場合の方が多くなる結果については、自治体が国からの事後的な財政補填を読み込んだ上で、介護サービスの供給量を決定するため、介護サービス供給の限界費用を低く評価していることに起因していると考えられる。

4 おわりに

本章では、Dahlberg and Edmark (2008) を参考にして、介護サービス供給を対象とした自治体間競争とソフトな予算制約に関する理論的な説明

を行った。具体的には、Dahlberg and Edmark（2008）では、貧困者への福祉給付を対象として、2地域モデルの枠組みの下で、福祉競争のみ分析されているのに対して、本章では介護サービスを対象とした福祉競争だけでなく、福祉競争下での国からの事後的な補助金が支給されるケースについて分析を行った。

　結果として、まず、先行研究のDahlberg and Edmark（2008）と同様に、高齢者による地域間移動のある場合の方が、地域間移動のない場合よりも最適な介護サービスの供給量が少なくなることが示された。しかしながら、高齢者による地域間移動がある状況下で、国からの事後的な補助金が自治体に支給される場合には、補助金が支給されない場合に比べて最適な介護サービスの供給量は多くなることが示された。

　地方財政においては、国から自治体への事後的な財源補填により、地方の公共支出が過大な水準にいたってしまうソフトな予算制約が問題として指摘されている。しかしながら、本章では、自治体間での福祉競争が行われ、充実した介護サービスの供給が実現されない状況においては、国からの事後的な財源補填により介護サービスの過小供給の問題を解消できる可能性があることを示している。

　本章では、簡単な経済モデルを用いて説明しているため、1地域に注目した分析を行った。したがって、他地域の自治体による介護サービス供給量の決定等については外生的に扱っているため、福祉競争の厳密な議論を行うことができなかった。今後の課題として、他地域の自治体による介護サービス供給量の決定についても内生化し、各地域における高齢者の人口が自地域のみならず、他地域の介護サービス供給量にも依存する一般的な状況を想定して、介護サービス供給における自治体間競争について分析を行いたい。

　また、本章では、国により事後的な補助金政策が行使される状況を想定した場合について分析を行ったが、国の補助金政策のあり方を外生的に扱っている。今後は、自治体による介護サービスの供給量決定だけでなく、国による各地域への補助金支給額の決定についても内生化した分析を行いたいと考えている。

[注]

注1) 地方財政におけるソフトな予算制約の問題は、赤井伸郎（2006）行政組織とガバナンスの経済学．有斐閣．において詳細に説明されている。

注2) 現在の介護保険制度では、介護保険の負担は、50%が公費と呼ばれる国と地方自治体の税金により賄われ、残り50%が保険料により賄われている。高齢者も保険料を支払うことが必要であるが、介護サービスを供給することの財源は、国と自治体による税収にも大きく依存している。したがって、介護サービスの費用負担は、サービスを消費する高齢者よりも、所得税等が課せられる稼働年齢層の住民による負担の方が大きくなる場合も考えられる。このような状況も反映して、本章のモデルにおいては、自治体による介護サービスの費用は、稼働年齢層の住民が負担するという状況を想定して分析している。

注3) ここでは、高齢者の移住による移動コストは考えないとする。

注4) 高齢者の人口は、自地域の介護サービス供給量だけでなく、他地域の介護サービス供給量にも依存することが、より一般的であるが、本章では1地域モデルで説明しているため、他地域の介護サービス供給等については外生的に扱っている。

注5) 現実的にも、他地域から高齢者が自地域に移住することで、自治体としては、介護施設の新設や介護サービス供給に関わる労働者の雇用を増加させなければならないので、高齢者1人あたりの介護サービス供給に関する費用は増大すると考えられる。

注6) 高齢者1人あたりの介護サービス供給費用増加分についての仮定 $\left(t>\frac{3}{2}\right)$ より、$B^m < B^*$ となる。

[引用文献]

1) 財団法人常陽地域研究センター（2009）JOYO ARC.

2) 土居丈朗編（2012）日本の財政をどう立て直すか．日本経済新聞出版社，pp. 145-146.
3) Dahlberg, M., and K. Edmark (2008), "Is there a "race-to-the-bottom" in the setting of welfare benefit levels? Evidence from a policy intervention," *Journal of Public Economics*, 92, pp. 1193-1209.
4) 橘木俊詔・浦川邦夫（2012）日本の地域間格差．日本評論社，pp. 128-130.
5) 日本経済新聞社・産業地域研究所（2008）2008年度（第6回）全国市区の行政比較調査データ集（行政革新度・行政サービス度）．
6) Kawase, A. and K. Nakazawa (2009), "Long-term care insurance facilities and interregional migration of the elderly in Japan," *Economics Bulletin*, 29, pp. 2981-2995.
7) Kornai, J., E. Maskin and G. Roland (2003), "Understanding the Soft Budget Constraint," *Journal of Economic Literature*, 41, pp. 1095-1136.
8) Qian, Y. and G. Roland (1998), "Federalism and the Soft Budget Constraint," *American Economic Review*, 88, pp. 1143-1162.
9) 土居丈朗（2004）三位一体改革 ここが問題だ．東洋経済新報社，pp. 23-26.

［参考文献］

Dahlberg, M., and K. Edmark (2008), "Is there a "race-to-the-bottom" in the setting of welfare benefit levels? Evidence from a policy intervention," *Journal of Public Economics*, 92, pp. 1193-1209.

第10章 行動変容技術による認知症高齢者の被害妄想の表現の減少する取り組み[注1]

1 はじめに

　筆者は、ホームヘルパーと一緒に在宅の一人暮らしの高齢者を訪問し、社会福祉援助技術の支援方法の一つであるクライエントの問題行動を改善する行動変容技術を用いて、その高齢者の問題となる行動を変容することを試みた。その高齢者は被害的妄想が強く"近所の○○さんは、私の財布を盗んだ""誰かが私の家に毒ガスをまいている"などの表現をすることで、他者との人間関係を失い、地域のなかで孤立していた。そこで、筆者は高齢者の被害妄想の言語行動を直接、批判し、注意をするのでなく、高齢者の興味のある話題を提供し、誉めることで高齢者と良い言語的コミュニケーションを持ち、被害妄想的な言語行動も減少するのではないかと考え、介入を行った。以下、その介入報告である。

(1) 方法

①対象者

　K（女性）。明治39年生まれの91歳。H市にて独居で生活。両親はKが幼い頃、離婚。その後、母親と共に生活をする。母親が金貸し業をしていたが、人にだまされ無一文になり、子どもの時から貧しい生活を送る。Kは、若い頃、紡績工場に勤め、指導的な立場に立ち、母親の生活を支えてきた。しかし、派手な性格の母親はお金に浪費的であったため、生活も苦しくなり、母親の葬儀は家主の助けで、どうにかすませたといわれている。結婚歴はない。紡績工場に勤めている時、現在の家を購入。定年後も仕事を続け、65歳頃まで働いていた。現在は身内もなく、後継人もいな

いようである。経済面では、厚生年金で生活し安定した生活を過ごしている。

性格は几帳面で神経質。暦を愛用し、外出や買物も暦をみながら、その日を決める。花が好きで、花作りを楽しみにしており、明るい性格である。他人の性格をその言動から自分なりに鋭く分析する。しかし、ホームヘルパーとの面接のなかでも、"窓から泥棒が入ってきて、お金を盗んだ"などの被害妄想的表現がよくみられた。また彼女がベッドの所に財布を置き忘れているのにもかかわらず、お金が盗まれたと警察に通報することも何度もあり、ホームヘルパーや近所の人々を困らせる行動がよくみられた。

②介入目標
被害妄想的表現の回数の減少（例、窓から泥棒が入ってきた、暴力団が私を追い出そうとしている、毒ガスのサリンなどがまかれるなど）。

③状況分析
介入前の2-3度の面接のなかで、"今日の体調はどうですか"、"今日はどのような買物をしましたか"などの質問に対しては、Kは正常な回答を示し、筆者ともスムーズにコミュニケーションが持てるようにみえた。しかし、会話の途中で、突然、"近所のあの人は、暴力団と一緒になって私を追い出そうとしている""昨日、サリンガスをまかれて非常に苦しかった"などの被害妄想的表現を示した。面接中、このような表現は、突然にみられ、何がこれらの表現を引き起こすのかきっかけは明らかではなかった。ただ、Kは被害妄想的な表現をホームヘルパーや周囲の人々に述べることで、周囲の人々から注目・関心を得、それが刺激となり、被害妄想的な表現を学習したのではないかと推定された。そこで、問題行動のみを除去するよりは、好ましい行動を強めること組み合わせることが望ましいと考え、被害妄想的表現に対してはまず傾聴し、被害妄想的表現以外の肯定的内容を表現したならば、それを言葉で誉める方法を使用し、以下の介入計画を立てた。

④介入手続き

1) **介入期Ⅰ（7試行）**：Kと面接を始めた後、数分間雑談をし、記録のための面接時間を20分間とした。そして、これを1試行とした。面接のあいだ、Kが被害妄想的な表現をしたとしても、面接者はうなずいたり、拒絶することなく、単に話題を聞くようにした。つまり、Kの被害妄想的表現にうなずくことは、その行動を強め、逆に全く特別な反応をしないことはKに不信感を引き起こすのではないかと考えた。

次に、被害妄想的な表現の回数は次のように記録した。被害妄想的表現の内容が一つの話題として続いたとき、1回として計算した。たとえば、"暴力団が私を追い出そうとしている。近所のあの人は暴力団と関係している"などの暴力団に関する話題を1回の被害妄想的表現の回数として計算した。また、被害妄想的表現以外の話題に対しては、言葉で誉めたりするなどはしなかった。そして、この期間を介入期Ⅰとした。介入の回数は1週間に1回、1時間程度の面接を行なった。Kとの面接は、筆者が実施した。

2) **介入期Ⅱ（9試行）**：ここでは、最初に介入のための面接の時間を30分間として、面接者は次のような対応をした。Kが被害妄想的な表現をした場合、特別な反応をせずに、数秒間の時間を置き、面接者は話題を変え、彼女が自信の持てる話題を次のように提供した。"若い頃、一生懸命働いていたのですね"、"長生きする秘訣を教えてくれませんか"、などの話題を提供した。そして、このような話題の提供に対して、Kが肯定的な内容で反応をしたとき、"おばあさん、若い頃頑張って、働いていたのですね"、"健康に気をつけているのですね。偉いですね"と誉めた。このような介入の面接の後、さらなる20分間を記録のための面接として、被害妄想的表現の回数を記録した。その際、面接者は、被害妄想的表現を単に聞くという態度を示した。そして、これらの一連の試みを1試行とした。なお、記録の方法は、介入期Ⅰと同じであった。

3) **介入期Ⅲ（7試行）**：次に、介入のための面接時間を30分間から20分間と短縮し、介入期Ⅱと同様な手続きをした。面接時間を短縮したのは、Kが面接に疲れた様子を示したからである。Kの被害妄想的表現に対しては、面接者は特別な反応をせずに、その表現を聞いた後、肯定的表現の話

題を提供し、彼女が肯定的表現をしたならば、誉めるようにした。そして、さらなる20分間を記録のための面接として、被害妄想的表現と肯定的表現の回数を1試行として記録とした。[注2)]

⑤結果及び考察

図10-1は介入の結果を示している（図10-1、参照）。介入期Ⅰの第4試行から介入期Ⅱの第15試行まで被害妄想的表現の回数が全体的に減少しているが、第16試行から介入期Ⅲにかけて、再び被害妄想的表現の回数が増加している。そして、これらの結果と介入の手続き上の幾つかの問題点を考慮すると、本介入手続きによって、Ｋの被害妄想的表現の回数が減少したと言えないのではないかと思われる。

なお、介入期ⅠとⅡでは、肯定的表現の回数は測定しなかった。その理由としては、介入当初、面接者は被害妄想的表現の除去のみに関心を向けて、その回数を測定したからである。しかし、介入が進むに従い、被害妄想的表現の除去だけに介入の関心を向けるのではなく、肯定的表現の回数

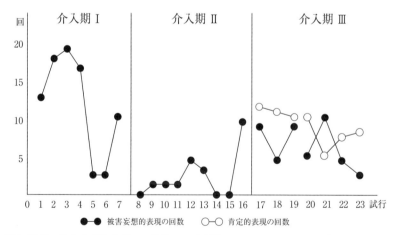

（注）縦軸に被害妄想的表現が、横軸には試行数が示されている。なお肯定的表現の回数は第17試行から記述されている。

図10-1　Ｋの被害妄想的表現の変化プロセス

の増加に目を向け記録した方が面接者もKの生活を前向きに捉え、Kと積極的にコミュニケーションができるのではないかと考え、介入期Ⅲの第17試行から肯定的表現の回数も記録するようにした。

それでは、何故、本介入手続きによって、Kの被害妄想表現の行動が改善されなかったのか、介入結果の考察を述べながら、その理由について触れてみる。

介入期Ⅰの第3試行では、被害妄想的回数が20回と一番多かった。前日、家のカギをどこかに忘れ、入れなくなり、市の職員とホームヘルパーが窓を無理にこじ開けて彼女の家に入ったことがショックとなり、それが被害妄想的表現の回数の増加の原因になったと思われる。

第7試行では、この日は、Kのお気に入りのホームヘルパーのN氏が久し振り訪問したため、Kは喜び、興奮し、被害妄想表現をN氏に語る行動を示した。その結果、この試行で、被害妄想的表現の回数が多くなったのである。

介入期Ⅱの第8試行では、Kが、以前受診をした若い男性の精神科医の話題に話が向けられると夢中になり、その話題が中心となった。その結果、この試行で、被害妄想的表現は起こらず、その回数が0となった。また、第9試行では、"ホームヘルパーが来てくれてうれしかった"、"自分は職場で上司から可愛がられた"という過去の職場での自慢話などの肯定的表現がみられた結果、被害妄想的表現の回数は1回であった。

第11、13試行の面接前、Kは体調の不調を訴え、年金の受け取りの手続きがうまく行かないことで、落ち込み、面接者を家の中に入れようとしない行動がみられた。しかし、同行したホームヘルパーがKをなだめたので、彼女も落ち着き、面接者は家に入ることができた。そこで、これらの試行では、面接を無理に進め、Kの自発的な面接参加行動を中断させないためにも、Kの希望することを尋ねた。その結果、手入れのできない家の周りの草抜きをしてもらいたいことを面接者に希望したので、面接者は、彼女の希望を受け入れ、家の周りの草抜きを行った。そして、この後、面接を実施した結果、彼女は、家の周りの雑草が抜かれ、整理されたことに笑顔を見せ、これらの試行で、被害妄想的表現をあまり示さなかった。

第16試行では、Kのお気に入りのホームヘルパーのN氏がKと面接をしたいと申し出たので、この試行では、ホームヘルパーのN氏がKとの面接を実施し、筆者が被害妄想的表現の回数の記録を行った。その際、ホームヘルパーのN氏にはKの被害妄想的表現に注目・関心を示さず、代わりに肯定的話題を提供し、誉めることなど面接方法について説明をしていたが、KはN氏との面接ができたことに興奮をし、被害妄想的表現を頻繁に行っていた。その結果、この試行で、被害妄想的表現の回数が増加した。すなわち、これは、認知症の高齢者の生活のなかで、通常の場面とは異なる刺激が導入されると異なった行動が起こるということを示していると言えよう。

　介入期Ⅲの第18、20試行では、Kは自分が信じている宗教や若い頃の仕事の自慢話を示したので、被害妄想的表現を他の試行よりもあまり示さなかった。この点から、Kは自分の興味のある話に夢中になったり、あるいは機嫌がよいとき、被害妄想的表現をほとんど示していないことが理解できる。

　第21試行では、福祉給金を受け取るために市役所を訪問したが、受け取る期日ではなかたので、Kはショックを受けたことが、被害妄想的表現の回数の増加に影響を及ぼしたのかもしれない。第23試行では、体調を崩し、少し疲れた様子だったので、被害妄想的表現をする気力を失っていたようであった。ただ、面接者が相撲の話をすると、自分の好きな関取の名前を話し、面接に積極的に参加してきた。その結果、この試行では、肯定的表現の回数が増加したと思われる。

　なお、介入期Ⅲの第23試行で介入が終了しているのは、第23試行以降、Kの体調がすぐれない日々が続き、面接に参加するのも困難になってきたので、これ以上の面接の実施が難しいと判断をし、介入を中止した。

　次に、何故、介入効果が持続できなかったのか検討する。

　まず、第1の問題点は、1週間にわずか1回しか面接が実施されず、面接介入の時間が短かった点である。この理由としては、ホームヘルパーを派遣している福祉団体から、面接者のK宅への訪問は、ホームヘルパーとの同伴という条件があったことがあげられる。つまり、Kとは何ら関係

のない外部の面接者の訪問に対して、Kのプライバシーを保護するという意味も含まれていたのである。したがって、ホームヘルパーが訪問するのも1週間に2回と少なく、しかも面接者がK以外にも在宅や施設の数名の高齢者との面接を行っている状況が重なり、1週間に1回だけのわずかな時間の面接になったのである。

　第2の問題点は、面接の手続きのなかで、面接者が何を目的に面接を実施していたのか、Kには理解できなかった点である。すなわち、Kの被害妄想的表現の減少を目標に面接を実施しているという面接者の意図が、Kには学習できなかったと思われる。面接者が被害妄想的表現以外の話題を提供したとしても、Kは、ただ単に別の話題が提供されたと感じているようであった。Kは、面接者の意図を理解するよりも、むしろ自分の興味の話題に気持ちを集中していたようである。

　第3の問題点は、面接場面そのものがKにとって、自分の被害妄想的表現や欲求不満を吐き出す場面となり、逆に彼女の被害妄想的表現を促す機能をしたかもしれない点である。介入期のある場面で、Kは被害妄想的表現を頻繁に語り、その後、"あなたと嫌なことを話すとすっきりするわ"と述べていた。そして、その後の面接では、Kは疲れた様子で、被害妄想的表現を示さなかった。つまり、この状況では、彼女は面接者の意図を理解して、被害妄想的表現を述べなかったのではなくて、既に被害妄想的表現を通して欲求不満を吐き出し、ただ疲れていたのであった。

　第4の問題点は、十分な行動分析を行なわず、目標行動を被害妄想的表現の減少を取り上げた点である。Kの被害妄想は、認知症高齢者特有にみられる妄想であり、これは学習されたものであるよりも、病の現象であるとの指摘も存在する[1]。したがって、本症例の認知症高齢者の病的な被害妄想的表現に対して、単に言語的賞賛だけで、その行動を改善しようとした点に問題があったのではないかと思われる。

2　高齢者の行動変容の必要性

　次に本事例を通して、高齢者の行動変容の必要性を述べる。

まず、在宅の高齢者の社会的孤立を避けるために、高齢者の行動変容が必要とされる点である。高齢者は、過去、家族や社会のために働き貢献してきたので、老後の余暇はのんびりと快適な生活を送った方が良いという意見も一般的に存在する。しかし、ここで、本事例のKが地域のなかで、他の人々と交流を持たず、孤独な生活を送ることが果たして快適な老後生活を過ごすことになるのかといった疑問点が存在する。Kには、地域のなかで親類や親しい人がおらず、孤独な生活を送っていた。しかし、ある日、Kは家の近くのデイサービスセンターを見学したいと申し出、筆者、ホームヘルパーと3人でこのデイサービスセンターを訪問した。彼女は、デイサービスセンターで行われている高齢者達による風船バレーボールのゲームをじっと見つめ、このデイサービスを訪れ、他の人々と交流を持ちたいと言う気持ちを持ったようであったが、今までの生活を変える勇気を持てず、デイサービスへ通うことを拒絶した。しかし、地域のなかで、Kの孤立した生活を改善するためには、デイサービスへ通う行動を彼女に形成することも一つの治療目標として考えるべきであったかもしれない。

次に高齢者の健康を守るという観点から、高齢者の行動変容が必要とされる点である。Kは、独居のため、ホームヘルパーが訪問しないときは、トイレや布団の周りが汚れ、異臭が漂い、冷蔵庫には既に腐った魚などの食材が放置され、台所にも食事の食べ残しが散乱し、不衛生な場面がみられた。今後、彼女が健康を保ちながら、在宅で生活をするためには、彼女は衣食住の生活に必要な行動を学習しなければならないであろう。

最後に、介護者のストレスを避けるためにも、高齢者の行動の変容が必要とされる点である。Kの被害妄想的表現は、ホームヘルパーにとってみれば、認知症高齢者の一つの症状として理解できるであろう。しかし、ホームヘルパーも毎回、訪問する度に、"窓から泥棒が入ってきて、お金を盗んだ"、"近所のあの人は、暴力団と一緒になって私をここから追い出そうとしている"などの被害妄想的内容を聞き、もしも彼女が彼女の財布を盗んだのはホームヘルパーという被害妄想的表現したならば、それはホームヘルパーにとっても、ショックであろう。そこで、介護者や周囲の人々のストレスを避けるためにも、高齢者の行動の変容が必要とされるのである。

3 高齢者介護における行動変容技術の利点

　ここで、高齢者介護における行動変容技術の利点について、本事例を通して述べてみる。

　まず、行動変容技術が高齢者の問題行動の原因を老化や性格的問題だけとして捉えず、環境にあると考え[2)〜4)]、問題行動の解決の可能性を示唆している点である。社会福祉援助技術のケースワークのなかで、主な介入理論として考えられてきた精神医学的支援技術では、Kの処遇について、彼女の生育歴や生活歴などに焦点を当て、被害妄想的表現の解釈を行い、彼女の人生や性格を理解しようとするであろう。しかし、それでは、彼女の被害妄想的表現が減少し、彼女に残された人生を有意義に過ごすためには、どのような治療介入をすれば良いのかと言った具体的な介入は、精神医学的支援技術では示されないのである。だが、行動変容技術は、高齢者に対して具体的な介入目標を掲げ、介入を行う。本事例では、誉めることによりKの肯定的な表現の行動を強化し、彼女に自信を持たせようとした。その結果、面接場面で、"自分の人生は嫌な事もあったが、会社の上司に可愛がれ、自分なりに精一杯頑張った。この家も私自身の1人の力で買った"などと大きな声で笑いながら、表現をしていた。

　第2点として、行動変容技術は、基本的原理が比較的簡単であるため、施設や在宅の家族の介護者にも容易に理解でき、その技術を高齢者の介護に容易に使用できる点である[2)4)]。本事例において、あるホームヘルパーが筆者に面接方法の目的や内容について尋ねてきた。そこで、筆者がホームヘルパーに、行動理論に基づき、望ましい言語的表現には言語的賞賛と被害妄想的表現には無視するという手続きを通して、被害妄想的表現の減少を行っていると説明した所、このホームヘルパーは、行動理論がわかりやすい理論なので、興味を示し、将来、高齢者介護の業務のなかで、それを利用したいと語っていた。

4 課題

　まず第1点は、高齢者に対する行動変容技術の介入効果の検証の課題である。過去、高齢者の行動療法の実践報告では、高齢者に言語行動の増大や食事行動の形成が行なわれたことが報告されている[5)~7)]。しかし、これらの調査報告では、介入場面で一時的に介入効果がみられたとしても、フォローアップの追求調査が行われていないため、本当に高齢者の行動が変容されたかどうか判断できないという問題点がみられる。したがって、今後、介入効果に関する追跡調査が行動療法家にとって必要とされよう。

　第2点は、高齢者福祉の領域において高齢者に対する行動変容技術の実践の重要性を啓蒙して行く課題である。本症例を通して、面接場面における面接者の刺激統制と正の強化技法の導入により、面接者と高齢者の間に好ましい相互作用がみられた。つまり、面接者や介護者の高齢者への関わり方や介護の仕方によっては、認知症高齢者であったとしても、彼らは好ましい行動を示し、快適な生活が送ることが可能となる。そこで、行動療法家は高齢者の快適な生活に行動変容技術が役に立つことを高齢者福祉関係者に伝えて行くことが必要であろう。

[注]

注1）本事例は、高齢者に対する行動変容アプローチの実践と問題点（2003）行動療法研究．29, 2, pp. 133-143. から一部転載による。

注2）介入期ⅡとⅢの違いは、介入のための面接時間の相違にあった。介入期Ⅱでは、介入の面接時間が30分間、介入期Ⅲでは20分間であった。

[引用文献]

1) 室伏君士編（1994）痴呆性老人の心のケア．学苑社，pp. 168-177.
2) Geiger, O. J. & Johnson, L.A. (1974) Positive education for elderly persons correct eating through reinforcement.The Gerontlogist, 14, pp. 432-436.
3) Baltes,M.N. & Zerbe, M.N. (1976) Independence training in nursing-homeresidents.The Gerontlogist, 16, pp. 428-431.
4) Williamson, P.N. & Ascione, F.R. (1983) Behavioral treatment of the elderly. Behavior modification, 7, pp. 583-610.
5) Hoyer, W.J., Kafer, R.A., Simpson ,S.C., & Hoyer, F.R, (1974) Reinstatement of verbal behavior in elderly mental patients using operant procedures. The Gerontlogist,14, pp. 149-152.
6) Burgio, L.D., Burgio, K.L., Engel,.B.T., & Tice, L. M. (1989) Increasing distance and indepedence of ambulation in elderly nursing home residents. Journal of Applied Behavior Analysis, 19, pp. 357-366.
7) 三原博光（1999）高齢者に対する行動変容アプローチの適用―高齢者の言語的表現の増加を目標に．ソーシャルワーク研究，25（3），pp. 53-58.

第11章 高齢者のエンドオブライフケア
(End of Life care)

1　高齢者のエンドオブライフケアの特徴

(1) はじめに

　日本人の死因順位は、2013年では第1位が「悪性新生物」、次いで「心疾患」、「肺炎」であるが、65歳以上80歳未満は、第3位が脳血管疾患となっている。85歳以上になると、第5位「老衰」が入り、死因に老化の影響が現れてきたといえる。95歳以上では、1位は「老衰」となり、悪性新生物は5位となる[1]。

　90歳以上になると、悪性新生物は順位が後退するが、90未満の高齢者にとっては、「悪性新生物」は最も死にいたる病であり、癌治療やそれにともなうケアがエンドオブライフケアのありかたに影響を与えることになる。

表11-1　65歳以上の高齢者の死因（第5位まで）

年齢	第1位	第2位	第3位	第4位	第5位
総数	悪性新生物	心疾患	肺炎	脳血管疾患	老衰
65-69歳	悪性新生物	心疾患	脳血管疾患	肺炎	不慮の事故
70-74歳	悪性新生物	心疾患	脳血管疾患	肺炎	不慮の事故
75-79歳	悪性新生物	心疾患	脳血管疾患	肺炎	不慮の事故
80-84歳	悪性新生物	心疾患	肺炎	脳血管疾患	不慮の事故
85-89歳	悪性新生物	心疾患	肺炎	脳血管疾患	老衰
90-94歳	心疾患	肺炎	悪性新生物	老衰	脳血管疾患
95-99歳	老衰	心疾患	肺炎	脳血管疾患	悪性新生物
100歳～	老衰	心疾患	肺炎	脳血管疾患	悪性新生物

出所：人口動態統計（2013）による。

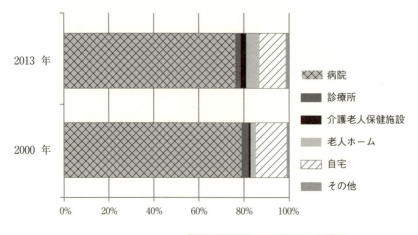

図11-1　65歳以上高齢者の死亡場所の変化

	2000年(%)	2013年(%)
病院	78.8	76.2
診療所	3.2	2.4
介護老人保健施設	0.6	2.2
老人ホーム	2.3	6
自宅	13.9	11.8
その他	1.1	1.5

出所：人口動態統計（2000, 2013）による。

65歳以上高齢者の死亡場所の変化（図11-1）[2)3)]では、2000年[2)]と2013年[3)]を比較すると病院での死亡が若干減少しており、介護老人保健施設や老人ホームでの死亡が増加し、自宅での死亡は減少している。

年齢階級別にみた死亡場所（図11-2）[4)]の変化からは、80歳以上の高齢になるほど病院での死亡が減少し、その一方で介護老人保健施設や老人ホームでの死亡数が増加している。

高齢者が人生の最期を迎えるにあたっては、その人生を完結するために、その人らしく尊厳ある死を迎えるように援助することが重要である。高齢期の疾患の特徴は、慢性的で長期的な経過をたどりやすく、複数の疾患が複雑に絡んでおり、長期安静や活動性の低下により2次的な障害が出現し

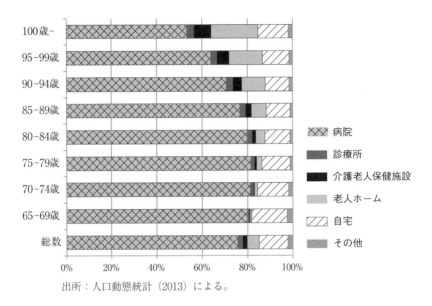

図11-2　65歳以上年齢階級別にみた死亡場所

出所：人口動態統計（2013）による。

やすいので、最期の時まで、その人らしい人生を生き抜いていけるように、病態に応じて症状の緩和に努め、QOL（Quality of Life：生活の質）を維持し高める援助が重要となる。その際に、過剰な治療がされていないか、反対に必要な治療の制限はないかといった、老化と疾患の影響を正しくアセスメントすることが必要である。

　高齢者をケアする配偶者も高齢であることや、長期間の介護生活に伴う家族の疲労や健康不安に配慮するなど、家族への援助が必要であることはいうまでもない。

（2）高齢者とエンドオブライフケア

　高齢者の「終末期のケア」には「エンドオブライフケア」という用語が用いられることが多い。エンドオブライフケアという用語は、1990年代からアメリカやカナダで高齢者医療と緩和ケアを統合する考え方として提唱されている。北米では緩和ケアはがんやエイズを対象としたものという

理解があり、エンドオブライフケアはがんのみならず認知症や脳血管障害など広く高齢者の疾患を対象としたケアを指している[6]。

2001年、日本老年医学会は終末期を「病状が不可逆的かつ進行性で、その時代に可能な最善の治療により病状の好転や進行の阻止が期待できなくなり、近い将来の死が不可避となった状態」[7]と定義している。従来のターミナルケアの定義では推定余命を6カ月としているものが多かったが、本定義には余命の予測が困難であるため期間の規定は含まれていない。

「終末期のケア」にはいくつかの用語が用いられるので、紹介する。

①ターミナルケア

柏木は、ターミナルケアの定義を、「あらゆる集学的治療をしても治癒に導くことができない状態で、むしろ積極的な治療が患者にとって不適切と考えられる状態を指す。通常、生命予後が6カ月以内と考えられる状態」[8]としている。ターミナルケアという言葉からは、がんを対象とするイメージがある。

②ホスピスケア

ホスピス（hospice）という言葉は、ラテン語の hospitium に由来し[9]、歓待、もてなしをを意味する。1960年代からイギリスで始まったホスピスでの実践を踏まえて提唱された考え方で、死に行く人への全人的アプローチをさしている[6]。

③緩和ケア

1970年代からカナダで提唱された考え方で、ホスピスケアの考え方を受け継ぎ、国や社会の違いを超えて人の死に向かう過程に焦点をあて、積極的なケアを提供することを主張している[6]。WHOは「緩和ケアとは、生命を脅かす疾患による問題に直面している患者とその家族に対して、痛みやその他の身体的問題、心理社会的問題、スピリチュアルな問題を早期に発見し、的確なアセスメントと対処（治療・処置）を行うことによって、苦しみを予防し、和らげることで、クオリティ・オブ・ライフを改善する

アプローチである。」[10]と定義している。

高齢者の終末期ケアにあたっては、エンドオブライフケアという用語が適切と考え、この単元ではエンドオブライフケアを用いた。

(3) 高齢者の死の受け止め方の特徴

心理社会的成熟と年齢が増すと死の不安が軽減する[11]と言われており、田中の調査[12]においても老年期の死への不安や恐怖は、青年期のそれよりも有意に低かった。

ハビィガースト（Havighurst. RJ.）は、発達課題理論を示した代表的な理論家であり、生涯の過程で人はある発達段階から次の発達段階へ各段階で出会った問題を解決しながら進んでいくとしており、高齢者（老年期）の発達課題を、体力と健康の衰退への適応、退職と収入の減少への適応、配偶者の死に対する適応等を挙げている[13]。その中で高齢者は、喪失体験に重ねて自らの死生観を育みつつ死への準備を重ねていくと思われる。とはいえ、その人の人生経験や考え方から、死生観には個人差があることを考慮しておかなければならない。

(4) 終末期医療と意志決定

終末期においては、様々な選択と意志決定が必要となる。療養の場の選択や延命治療の継続や中止等がある。その選択が尊重されるためには、判断能力を有するうちに意志表示をしておくことが重要である。

①アドバンスドデレクテブ（advanced directive）

自らが判断能力を失った時に備えて、自分に行われる医療行為に対する考えを、前もって示して意志表示することで、自分に行われる医療に指示を与え、判断能力を失った際の代理意志決定者を委任することなどを含んでいる。

②リビングウイル（living will）

生前宣言とも呼ばれ、生きている内に効力を発揮する遺言書のことであ

る。「(前略) 慢性的な経過をとっての死や意識消失に続く死に備えて、生命維持装置の拒否や苦痛除去治療実施の希望表明などに用いられる。」[14] 日本では、アメリカと異なり、法律によって守られていないが、1994年日本学術会議の死と医療特別委員会「尊厳死について」[15] では、延命医療中止の条件の中に、患者が医学的に見て回復不能の状態であること、患者が尊厳死を希望することを表明していることをあげている。

(5) ケアの実際

①身体の観察[16]

高齢者は複数の慢性疾患に加齢変化が加わり、終末期の状態変化が明らかではないことが多い。最近食事量が減ってきた、活気がなくなったといった変化によって、終末期への移行に気づくことがある。死亡半年前くらいから食事摂取量、消化吸収機能が低下し、体重が減少する。次第に、臥床時間が長くなる、むせや飲み込みが悪くなるなどの症状が起こる。さらに、嚥下困難や、誤嚥、発熱を繰り返し、バイタルサインにも変化が起こる。

死亡2週間前になると傾眠傾向とともに、血圧低下や尿量の減少が見られる。

死亡数日前から当日になると、下顎呼吸やチェーンストークス呼吸といった異常呼吸、意識レベルの低下、無尿等の症状が見られる。

これらの身体観察を通して、今後の経過を予測し、高齢者とその家族が悔いを残さないケアをおこなっていくことが重要である。

②症状の管理と緩和[17]

末期の症状は様々である。従来加療してきた疾患の影響が大きい。表11-2は、終末期の症状の出現状況である。表の症状に加えて、倦怠感も末期の人の多くに見られる深刻な症状である。それぞれの症状の緩和を図り、出来る限り快適に過ごせるようにすることが重要である。

③合併症予防

高齢者にとって、肺炎は致命的な疾患であるといえる。寝たきりの高齢

表11-2　高齢者の終末期にみられるおもな身体特徴[16]

亡くなる 6～数か月前	亡くなる 1～2か月前	亡くなる 1～2週間前	亡くなる 1～2日前
歩けなくなる 体重減少 失禁	寝つく 嚥下困難 食事摂取量の低下 発熱を繰り返す 日中の睡眠時間の増加	ほとんど食べない 傾眠傾向 尿量の減少 血圧の低下	呼吸困難・呼吸の異常（下顎呼吸・チェーン-ストークス呼吸） 低体温 脈の弱まり 死前喘鳴* 意識レベルの低下・昏睡無尿

＊死前喘鳴とは下咽頭に貯留した分泌物による「ぜいぜい」という呼吸に伴う音
出所：引用文献16)，p.303，表6-37より。

表11-3　疾患を持つ高齢者患者に見られる有症率[17]（％）

症状	がん以外の進行疾患を有する患者に見られる有症率	がん患者における有症率
疼痛	67	55-92
呼吸困難	49	17-90
錯乱/せん妄	38	24-52
食欲不振	38	31-79
うつ	36	46-56
便秘	32	31-50
悪心/嘔吐	27	12-57
不安	25	21-56
褥瘡	14	28

出所：引用文献17)，p.48-49の表より引用改変した。

者では、胸郭運動の低下によって、沈下性肺炎の危険性も高まる。また、寝たきりになると、筋力の低下や関節拘縮に低栄養や皮膚の湿潤等が相まって褥瘡が出来やすくなり、複数の合併症を引き起こしやすくなる。これらの合併症を予防し、悪化に移行しないように努める。

④清潔ケア

(1) 口腔ケア

高齢者のエンドオブライフケアにおいて、口腔ケアは特に重要である。終末期には、食欲不振や消化機能低下から食事や水分の摂取量が減少する。これらに伴い唾液分泌量の減少や乾燥から口腔内の自浄作用が悪化すると、舌苔や口内炎の原因となる。さらに舌苔や口内炎が発生すると食事摂取量がますます低下するといった悪循環に陥る。口腔内を清潔に保ち、肺炎予防に努めるとともに、できるだけ口腔から食事ができる期間を長らえることが重要である。ガーゼやスポンジブラシ、舌ブラシを用いて、口腔粘膜や残歯の清潔に努める。また、義歯の清潔に努める。

(2) 身体の清潔

対象の状況に応じて、身体を清潔にする。清拭で身体全体の清潔を図るとともに足浴・手浴などの部分浴を組み合わせ、対象を疲れさせないように配慮しつつ、心地よいケアを提供する。感染予防の観点から陰部洗浄は重要である。

⑤関節拘縮の予防と体位変換

寝たきりの状況が続くと、四肢の筋肉が固縮し、肩関節、肘関節、股関節、膝関節等の各関節は拘縮しやすくなる。終末期にいたるまでの療養生活のあいだで関節拘縮ができることがあるが、出来る限り拘縮を予防し、その人らしく生活できるように援助する。また、適宜の体位変換や体位調整で、安楽を図るとともに、褥瘡予防に努める。

⑥看取りの準備

予期予測が困難ではあるが、家族が悔いを残さないように、看取りの準備を少しずつ始めておく。医療者は、今後予測されることや、死の三徴候(呼吸停止、心停止、瞳孔散大)について家族に伝え、家族の意向を聞きながら、患者の看取りに家族が落ち着いて関われるように調整する。

⑦家族へのケア

患者が亡くなる前に、そのことを予期して起こる苦しみや悲しみの反応を予期悲嘆という。高齢者を看取る家族も、死を前にして、予期悲嘆と緊

張状態にある。家族の疲労と悲嘆の様子を観察し、家族への支援を行う。

⑧死後ケア

高齢者が亡くなったあと、遺体のケアをすることを死後ケアという。死後ケアには、顔の保清や死化粧、遺体のケアがある。長期の闘病生活で失われた生前の面影を、可能な範囲で取り戻すことで、家族の悲嘆を軽減することにもつながる。家族の希望があれば、死後ケアの一部を家族とともに行うことが遺族の癒しになることもある。

⑨チームで関わる

終末期において高齢者とその家族は身体的にも精神的にも経済的にも様々な問題を抱えていることから、適切に患者と家族に寄り添うためにはチームで関わることが望ましい。チームには、患者・家族を中心に、医師看護職、介護福祉士、ソーシャルワーカー、栄養士、作業療法士、理学療法士、言語聴覚士、臨床心理士などが含まれる。チームのメンバーは、患者・家族のニードや問題に応じて、その専門的なちからを発揮するように努める。またチームのメンバーが常に患者の状態を共有し、コミュニケーションを取りながら、同じ目標や方針で関われるように努める。

2 一般病棟における高齢者のエンドオブライフケア

(1) 一般病棟の特徴

一般病棟の入院患者は、その年齢も疾患も多様である。検査や手術を受ける患者や、回復して退院する患者など、様々である。その中で、高齢者のエンドオブライフケアを行うには、高齢者の特徴を把握した上で、高齢者が最期までその人らしく生きていけるようにサポートしようとする姿勢と充実したケアを特に意識して行う必要がある。

水野ら[18]の報告では、高齢者高度医療専門病院で死亡した75歳以上の高齢者のデータ35例のうち、がん患者は40％、身体的苦痛では、便秘、浮腫、

呼吸困難と疲労・倦怠感、疼痛の順に多かったと報告している。また、高齢者は早期に意識レベルが低下するため、早期の苦痛の軽減や家族を含めた終末期ケアの必要性を示唆している。患者の症状緩和に努め、状態を常に予測しながら援助していく必要がある。

(2) 病態の把握

疾患や症状が悪化していく際に、医者は医学的にみてどの状態が治療によって効果があるのかを十分検討する。治療の変更や検査を行う場合は、そのことから得られる危険性と効果について熟慮し、患者や家族に十分に説明することが重要である。看護職は、患者・家族が理解できない事項について説明を補うとともに、必要に応じて医師に説明を再度依頼したり、患者の希望を代弁する。また、病態については、日々の変化や状態について把握し、医師に報告する。

(3) その人らしさを大切にした日常生活の援助

①食事

食事量が少なくなっても、経口的に食べられるうちは、本人の意向を組みながら、本人の好みの食事を少しでも取ることができるように援助する。食事量が少なくなったことが気になる患者には、小さな器に少しずつ盛り付けるなどの配慮をし、美味しく食べられるように工夫をする。誤嚥性肺炎が致命的になることもあるので、嚥下の状態を観察しながら、必要に応じてトロミをつけるなどの配慮をする。なるべく患者が食べたいものを食べることができるように、患者の嗜好を調査するとともに、家族と相談して、好みの食事を差し入れてもらうなどの調整を行う。

②清潔

身体の清潔は、感染予防の観点からも気をつけて行っていく。陰部洗浄や口腔ケアは、尿路感染や肺炎の予防につながる。オムツの湿潤は褥瘡の誘因になるので、こまめに取り替える。また、身体の清潔のケアは褥瘡の早期発見と予防につながるばかりでなく、自尊感情を維持し、QOLを高

めることができる。清拭や部分浴をはじめ、頭髪や爪の清潔に努める。

③排泄
排泄の援助をうけることは、その人の自尊心の低下を招きやすい。最期のときまで、その人の尊厳を傷つけることなく、援助を行うことが重要である。

④体位変換と体位の工夫
　安全で安楽な体位の工夫は、末期の身体の苦痛を軽減するために重要なケアである。特に呼吸器疾患や腹水の貯留などで呼吸困難が生じているときなどは、横隔膜を下降させ呼吸野を拡大する坐位や半坐位が安楽につながる。体位変換は褥瘡や身体の拘縮等の二次的障害を予防することにつながる。その一方で癌の骨転移がある場合など、体位の調整は激痛を伴い、骨折が起こりやすくなっているので、介助者を設けて2名で行うなど、安楽に配慮して実施する。

（4）チームアプローチ

　医師、看護師、介護福祉士、ソーシャルワーカー、理学療法士、作業療法士、薬剤師、栄養士などがチームを作り、終末期の患者とその家族の持つ多様な問題に、それぞれの専門的分野から検討し、効果的に患者のケアにあたることが望まれる。

①緩和ケアチーム
　緩和ケアチームは一般病棟入院中の悪性新生物または後天性免疫不全症候群の患者のうち、疼痛、倦怠感、呼吸困難等の身体的症状、または不安、抑うつなどの精神症状をもつ患者に対して症状緩和を行う専従チームであり、患者・家族のQOLを向上させるために、緩和ケアに関する専門的な臨床知識・技術で患者・家族への直接ケアを行ったり、病院内の医療従事者への教育・支援を行うことを目指している。
　2002年に緩和ケア診療加算の導入もあり、チームの整備が提唱され、

表11-4 緩和ケアに係る専従のチーム

> 1) 当該保険医療機関内に、以下の4名から構成される緩和ケアに係る専従のチーム（以下「緩和ケアチーム」という。）が設置されていること。
> ア 身体症状の緩和を担当する常勤医師
> イ 精神症状の緩和を担当する常勤医師
> ウ 緩和ケアの経験を有する常勤看護師
> エ 緩和ケアの経験を有する薬剤師

出所：平成26年3月5日保医発0305第1号，基本診療料の施設基準等及びその届出に関する手続きの取扱いについて（通知）「緩和ケア診療加算に関する施設基準」より抜粋一部改変

多くの施設が緩和ケアチームを立ち上げて活動している。

（5）家族へのケア

患者が末期になると、患者や家族の希望で、昼夜ともに患者のベッドサイドで患者に寄り添うことを希望する家族がある。一般病棟では、家族が食事や入浴、休息する環境が整っていないため、家族の健康状態や生活の状況にも目を向けていかなければならない。家族は、患者から離れたときに異変が起こることの不安から、少しの時間もベッドサイドから離れられない気持ちでいる。また、治療方針に対する揺らぎや、家族員や親戚のあいだでの治療に対する意見の食い違いなど、様々な葛藤を抱えている場合が多い。家族の気持ちを聞いたり、家族に患者の状態や見通しを伝え、休息を促したり、家族がそれぞれに患者との思い出作りができるように家族間の調整を図ることも重要である。

患者とのつらい別れを前にして、家族が悲しみ（予期悲嘆）を表出できるような関わりが求められる。また、死別の後の家族の悲嘆を受け止め、見守るケアが必要となる。患者の死亡退院の後、遺族の悲嘆作業が順調に進まない場合に、遺族を見守りケアする仕組みがないことは、今後の課題である。

（6）退院調整

長期療養の過程で、高齢者は症状の増悪や改善を繰り返し、症状が改善

すると、一般病棟では一時的に退院を勧められることがある。退院をする場合には、高齢者や家族が不安を抱えたまま退院するような状況を避け、介護保険制度の申請や再開、介護支援専門員との打ち合わせを行い、退院後に療養する場を早期に決定し、そこでの療養に向けての準備や継続した医療やケアが提供できるように、計画的に退院調整を図る必要がある。

(7) 事例紹介

〈事例1〉Aさん　70歳代　女性

病名：肺がん
職業：主婦
家族構成：夫70歳代（脳梗塞でリハビリ中）、長女（40歳代）と3人暮らし
主介護者：長女（日中は仕事で不在）

　Aさんは、咳や息切れの症状から近医を受診し、XP上の異常からB総合病院に紹介された。B総合病院では胸水の貯留のため、胸腔ドレーンが挿入され、胸膜癒着術が行われた。各種検査の結果、医師はAさんと長女に「肺がん（ステージⅣ）と診断がつきました。治療は休眠療法がよいと思われます。」と説明した。長女には「余命は半年から1年と思われる」と話した。4週間の治療の後、Aさんは夫のことも気になり、早く家に帰りたいと希望した。入院前は夫の世話や地域のボランティアをしていたAさんであったが、入院後は息切れや胸部痛があり、Aさん自身に介護が必要な状態であった。

　Aさんの担当看護師Cさんは、Aさんと長女の希望を叶える方向で、退院調整会議を開催した。会議には、看護師Cさん、担当医師、医療ソーシャルワーカー、介護支援専門員、訪問看護師、福祉サービスの関係者等が参加し、退院後の方向性を相談した。結果、介護保険申請の手続きをし、一時でも長く、Aさんが自宅で過ごせるように、電動ベッドや在宅酸素療法の手続き、訪問看護、ヘルパーが定期的に入れるように、在宅療養の

環境を整える具体的準備を進めることになった。

退院後3カ月間、介護保険制度（要介護1）を利用しながら在宅療養し、2週間に1回、外来通院をおこなった。

Aさんは3カ月後、肺炎を起こし、B総合病院に再入院になった。Aさんは重度の呼吸困難と抑うつ状態、さらには食事をほとんど食べられないため、緩和ケアチームが紹介された。緩和ケアチームでは、身体専門医と精神科医、看護師が訪問し、その状態を把握した。また、症状緩和の方法と食事摂取の改善についてチームがサポートした。

4週間の入院後、Aさんの肺炎の症状が治まり、呼吸困難と胸痛が軽減されると、Aさんは「できるだけ自宅で過ごしたい」と希望し、退院調整会議が開かれ、その後在宅療養の手続きがとられた。

(8) まとめ

90歳未満の死因の第1位は悪性新生物である[19]。治療をおこなう為に、一般病棟で最期の時を迎える高齢者の割合は高い。一般病棟においては、多様な疾患を抱える患者が入院しており、エンドオブライフケアの焦点が定まりにくいという問題的がある。しかし、65歳以上の高齢者の約76%が一般病棟で最期を迎える現状[20]を鑑みたとき、その人の尊厳に目をむけた個別的なケアはもとより、希望があれば、在宅へのスムーズな移行、在宅からのスムーズな一般病棟への入院ができる仕組みが一層望まれる。

3　緩和ケア病棟における高齢者のエンドオブライフケア

(1) 高齢者の緩和ケアの必要性

がんは年齢が高くなるほど増える病気である。日本のがんによる死亡の割合が高いのは、日本が世界一の平均寿命の国であることも大きく関係している。また、これから団塊の世代が高齢者になれば、日本全体でがんと診断される人の数も増加する。2030年には日本の死亡者数も、がんによる死亡者数も、現在の約1.6倍に増えると予測されている。また、女性が

一生のうちにがんと診断される確率はおおよそ３分の１、男性は２分の１とされている[21]。そうなると、緩和ケアを必要とする人の数も現在に比べて多くなり、これから緩和ケアが必要とされてくることは容易に想像ができる。一方で、2014年6月1日現在で、緩和ケア病棟は、全国に308施設、6193病床あるが[22]、緩和ケア病棟で亡くなられるがん患者のカバー率は8％程度であり、社会のニーズに応えているとは言い難い現状である。

(2) 緩和ケア病棟

①緩和ケア病棟とホスピス

緩和ケア病棟は病院によっては「ホスピス」とも呼ばれる。この呼び方によって行われる治療やケアの内容に大きな違いはない。ここでは混乱がないようにホスピス・緩和ケア病棟と書くことにする。

1990年に緩和ケア病棟が制度化されたとき、緩和ケアの対象は「がんまたは後天性免疫不全症候群（エイズ）の患者」とされていた。この両者で比べると、がん患者の方が圧倒的に多いため「緩和ケアはがん患者に対して行うもの」という認識が広く定着した。現在でも緩和ケア病棟に入院される患者のほとんどががん患者である。緩和ケア病棟には基本的には非担がん患者、たとえば糖尿病、心筋梗塞などの患者は入院できない。その理由はこの入院料が取れる対象患者は、悪性腫瘍及び後天性免疫不全症候群の患者であるためである（先述）。

入院患者は、がんの進行に伴う体のつらい症状や精神的な苦痛があり、がんを治すことを目標にした治療（抗がん剤やホルモン療法、放射線療法あるいは手術による治療など）の適応がない、あるいはこれらのがん治療を希望しない方を主な対象としている（個々の患者での受け入れについては各施設で違いがある）。ちなみに山口赤十字病院（当院）では、症状緩和のための放射線治療や抗がん剤・ホルモン療法は提供している。症状緩和の目的で手術が適応だと判断した場合は、病棟を替わって緩和治療を受けることができる。

ホスピス・緩和ケア病棟では、身体的な苦痛症状の緩和はもちろんだが、精神的な心のつらさ、苦しみを和らげることも重要な治療として位置づけ

表 11-5　緩和ケア病棟入院料の施設基準

1) 主として悪性腫瘍の患者又は後天性免疫不全症候群に罹患している患者を入院させ、緩和ケアを一般病棟の病棟単位で行うものであること。
2) 当該病棟において、一日に看護を行う看護師の数は、常時、当該病棟の入院患者の数が七又はその端数を増すごとに一以上であること。ただし、当該病棟において、一日に看護を行う看護師が本文に規定する数に相当する数以上である場合には、当該病棟における夜勤を行う看護師の数は、本文の規定にかかわらず、二以上であることとする。
3) 当該療養を行うにつき十分な体制が整備されていること。
4) 当該体制において、緩和ケアに関する研修を受けた医師が配置されていること（当該病棟において緩和ケア病棟入院料を算定する悪性腫瘍の患者に対して緩和ケアを行う場合に限る。）。
5) 当該療養を行うにつき十分な構造設備を有していること。
6) 当該病棟における患者の入退棟を判定する体制がとられていること。
7) 健康保険法第六十三条第二項第四号及び高齢者医療確保法第六十四条第二項第四号に規定する選定療養としての 特別の療養環境の提供に係る病室が適切な割合であること。
8) がん診療連携の拠点となる病院若しくは財団法人日本医療機能評価機構等が行う医療機能評価を受けている病院又は これらに準ずる病院であること。
9) 連携する保険医療機関の医師・看護師等に対して研修を実施していること。

出所：平成 26 年厚生労働省告示第 58 号，基本診療料の施設基準等の一部を改正する件「緩和ケア病棟入院料の施設基準」より抜粋

られている。多くのホスピス・緩和ケアでは医師、看護師の他に薬剤師、医療ソーシャルワーカー、ボランティア、音楽療法士、心理療法士、宗教家などがチームを組んで、患者と家族の援助を行っている。

　当院では、緩和ケア外来を受診された患者と家族に対して「緩和ケアとはどんなことなのか」について説明をしている。緩和ケアというと、一般的には「命が終わりに近づいたがん患者のための医療」と思われている。外来受診をされる多くの患者や家族は、緩和ケア病棟は「最期に行くところ」、「(治療は) 何もしないところ」、「あそこにいったら終わり」、「死ぬところ」というイメージ持っている。この理由は1989 年に世界保健機関（WHO）が発表した「緩和ケアは終末期の患者のためのケア」という定義

表 11-6　保医発 0305 第 1 号：基本診療料の施設基準等及びその届出に関する手続きの取扱いについて（通知）

1) 主として悪性腫瘍患者又は後天性免疫不全症候群に罹患している患者を入院させ、緩和ケアを行う病棟を単位として行うこと。
2) 夜間において、看護師が複数配置されていること。
3) 当該病院の医師の員数は、医療法に定める標準を満たしていること。
4) 当該病棟内に緩和ケアを担当する常勤の医師が 1 名以上配置されていること。なお、複数の病棟において当該入院料の届出を行う場合には、病棟ごとに 1 名以上の常勤医師が配置されていること。
5) 4) に掲げる医師は以下のいずれかの研修を修了している者であること。
　ア　がん診療に携わる医師に対する緩和ケア研修会の開催指針（平成 20 年 4 月 1 日付け健発第 0401016 号厚生労働省健康局長通知）に準拠した緩和ケア研修会
　イ　緩和ケアの基本教育のための都道府県指導者研修会（国立がん研究センター主催）等
6) 当該病棟に係る病棟床面積は、患者 1 人につき内法による測定で、30 平方メートル以上であり、病室床面積は、患者 1 人につき内法による測定で、8 平方メートル以上であること。
7) 当該病棟内に、患者家族の控え室、患者専用の台所、面談室、一定の広さを有する談話室を備えていること。
8) 当該病棟は全室個室であって差し支えないが、特別の療養環境の提供に係る病床の数が 5 割以下であること。
9) 入退棟に関する基準が作成され、医師、看護師等により当該病棟の患者の入退棟の判定が行われていること。
10) 緩和ケアの内容に関する患者向けの案内が作成され、患者・家族に対する説明が行われていること。
11) がん診療連携の拠点となる病院とは、「がん診療連携拠点病院の整備について」（平成 20 年 3 月 1 日健発第 0301001 号）に基づき、がん診療連携拠点病院の指定を受けた病院をいう。また、がん診療連携の拠点となる病院又は公益財団法人日本医療機能評価機構等が行う医療機能評価を受けている病院に準じる病院とは、都道府県が当該地域においてがん診療の中核的な役割を担うと認めた病院又は下記に掲げる公益財団法人日本医療機能評価機構が定める付加機能評価（緩和ケア機能）と同等の基準について、第三者の評価を受けている病院をいう。
　ア　緩和ケア病棟の運営方針と地域における役割を明確化
　イ　緩和ケアに必要な体制の確立
　ウ　緩和ケア病棟の機能の発揮
　エ　緩和ケア病棟における質改善に向けた取り組み
　オ　緩和ケア病棟におけるケアのプロセス
　カ　緩和ケアを支えるための病院の基本的な機能

出所：平成 26 年 3 月 5 日保医発 0305 第 1 号，基本診療料の施設基準等及びその届出に関する手続きの取扱いについて（通知）「緩和ケア病棟入院料に関する施設基準等」より抜粋

表 11-7　保医発 0305 第 3 号：診療報酬の算定方法の一部改正に伴う実施上の留意事項について（通知）

> 1) 緩和ケア病棟は、主として苦痛の緩和を必要とする悪性腫瘍及び後天性免疫不全症候群の患者を入院させ、緩和ケアを行うとともに、外来や在宅への円滑な移行も支援する病棟であり、当該病棟に入院した緩和ケアを要する悪性腫瘍及び後天性免疫不全症候群の患者について算定する。
> 2) 緩和ケア病棟入院料を算定する日に使用するものとされた薬剤に係る薬剤料は緩和ケア入院料に含まれるが、退院日に退院後に使用するものとされた薬剤料は別に算定できる。
> 3) 悪性腫瘍の患者及び後天性免疫不全症候群の患者以外の患者が、当該病棟に入院した場合には、一般病棟入院基本料の特別入院基本料を算定する。
> 4) 緩和ケア病棟における悪性腫瘍患者のケアに関しては、「がん疼痛薬物療法ガイドライン」（日本緩和医療学会）、「がん緩和ケアに関するマニュアル」（厚生労働省・日本医師会監修）等の緩和ケアに関するガイドラインを参考とする。
> 5) 緩和ケア病棟入院料を算定する保険医療機関は、地域の在宅医療を担う保険医療機関と連携し、緊急時に在宅での療養を行う患者が入院できる体制を保険医療機関として確保していること。
> 6) 緩和ケア病棟入院料を算定する保険医療機関は、連携している保険医療機関の患者に関し緊急の相談等に対応できるよう、24 時間連絡を受ける体制を保険医療機関として確保していること。
> 7) 緩和ケア病棟においては、連携する保険医療機関の医師、看護師又は薬剤師に対して、実習を伴う専門的な緩和ケアの研修を行っていること。

出所：平成 26 年 3 月 5 日保医発 0305 第 3 号：診療報酬の算定方法の一部改正に伴う実施上の留意事項について（通知）「A310 緩和ケア病棟入院料」より抜粋

から来ていると思われる。しかし 2002 年に WHO の定義が改訂され、「生命を脅かす病気によって起こる問題に対処するのが緩和ケア」と大きく変わった。新しい定義に従うと、緩和ケアを受けるのに末期であるかどうかは全く関係なく、また、がんかどうかも関係ない。「生命を脅かす病気」が適応になり、治すための治療を終了している必要もない。病気によっておこっているつらい症状があれば、いつでも緩和ケアを受けることができる。極端にいうと、がんと診断されたその時から緩和ケアを受けることができることになる。しかし、未だ新しい緩和ケアの考え方が浸透しているとは言えず、「緩和ケアは命が終わる時に受けるもの」と考える人が多いことは残念なことである。早い時期からがん治療と平行して緩和ケアを受

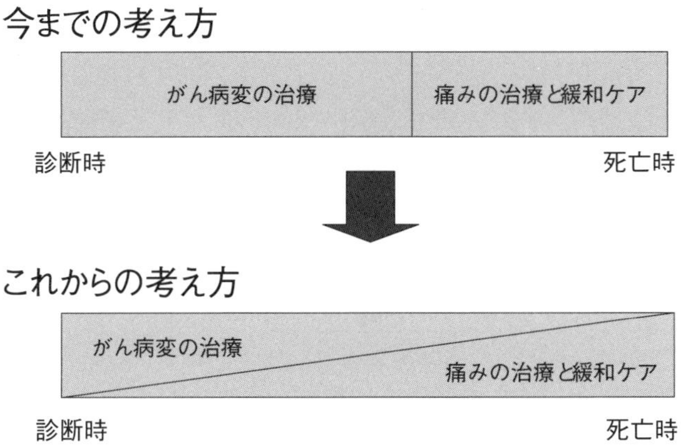

今までの考え方

| がん病変の治療 | 痛みの治療と緩和ケア |

診断時　　　　　　　　　　　　　　　死亡時

↓

これからの考え方

がん病変の治療 ／ 痛みの治療と緩和ケア

診断時　　　　　　　　　　　　　　　死亡時

出所：WHO（1989）

図11-3　がん治療と痛み治療・緩和医療の考え方

けることができれば、日常生活を楽に送れる可能性が高くなる。緩和ケア病棟は「死に場所」ではなく患者と家族がより良い時間を「生きるところ」である。緩和ケアの考え方は、上記のとおりであるが、緩和ケア病棟に入院できる疾患は、悪性腫瘍の患者及び後天性免疫不全症候群の患者のみである。

②一般病棟との違い　──緩和ケア病棟で大切にしていること
(1) ホスピス・緩和ケア病棟でできないこと
　病気を治すこと、病気を治すことを目的にした治療はできない。
(2) ホスピス・緩和ケア病棟でできること
　病気によって起こる痛みをはじめとするつらい症状を緩和するための治療を行う。苦痛を緩和して日常生活がしやすくなることを目的に治療をする。ただし、入院料のこともありできることには限界がある。緩和ケア病棟の医療費は「定額制」で、治療内容に関係なく1日4791点（30日以内）、4291点（31-60日）、3291点（61日以上）である。「出来高制」とは異なり、この点数の中で検査や治療を含むすべてをまかなうのが原則で、薬価の高い抗がん剤などを使うと赤字になり経営が成り立たなくなる。

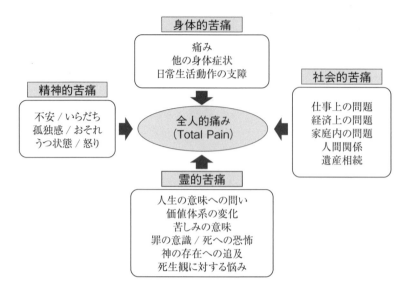

出所：武田文和監訳（2008）トワイクロス先生のがん患者の症状マネジメント．東京：医学書院, 18 を引用一部改変．

図 11-4　トータルペイン（全人的苦痛）[23]

(3) 患者の苦痛をトータルにとらえる（図 11-4 参照）

　がん患者の痛みは単に身体的要因からなるものではなく、不安や怒りなどの精神的要因、仕事や家庭内の問題などにかかわる社会的要因、人生の意味への問いなどの霊的要因をも含んだ全人的な痛み（total pain）としてとらえる。がん患者の痛みは身体的痛みをベースにしているが、精神的・社会的・霊的な苦痛がそれらを装飾し、それらが統合された形で一つの痛みとして現れてくる。したがって、がん患者が「痛い」と訴えた場合、身体的な要因だけでなく他の要素にも目を向ける必要がある。

　ホスピス・緩和ケア病棟での治療の目的は、病気を治すことではなく、病気によって起こるつらい症状を緩和することで日常生活がしやすくなることである。まずは身体的な苦痛を緩和することである。しかし、これは緩和ケアの入り口にすぎない。身体的苦痛が取れると、患者は社会的なつらさや精神的なつらさ、そして霊的苦痛（スピリチュアルペイン）を訴え

ることが多い。そのため、緩和ケア病棟には痛みや呼吸困難などのさまざまな苦痛を和らげる方法や技術に精通した医師や看護師のほか、心のつらさに対応する精神科医、心理療法士（これらの職種はいる施設といない施設がある）がチームを組んで医療を提供している。

(4) スピリチュアルペインへの対応（スピリチュアルケア）

スピリチュアルペインとは自分の存在の意味が危うくなることに伴う痛みをいう。「なぜ私がこのような病気になったのか」「死んだらどうなるのか」「この苦しみは○○してきたから仕方がない」など「Why me ?」という自分自身に対する問いでありそれは答えのないものである。私たちは、患者のスピリチュアルペインに対してその個人の「問いの意味」がつかめるようにかかわりケアすることが重要になる。そのためには、患者を尊重し、患者の訴えに耳を傾け傾聴することが必要なケアになる。

(5) 苦痛を伴う検査や処置を少なくするようにしている。

点滴や管を入れるなどの処置や検査は、つらい症状を和らげるために必要な最小限のものを行うようにしており、医学的な必要性ばかりを優先するのではなく、患者や家族と相談しながら行う。何をすることが最善の方法なのかを、関わる医療スタッフや患者・家族とも話し合い提供していく。

(6) 患者や家族がくつろげるデイルームや庭などのアメニティスペースの確保

多くのホスピス・緩和ケア病棟には、音楽や季節の行事を楽しんだり、面会の方とくつろげるデイルームがある。また、病棟からの眺望や季節の花を見ながら散歩ができる庭がある施設もある。ベッドからの移動が難しい患者の場合でも、病棟の医師やスタッフが協力して、少しでも日常生活の中での楽しみや、変化を感じられるように工夫している。

(7) 面会時間の制限が少ない

緩和ケア病棟は、できるだけ自由度を拡大することを大切にしている。家族や大切な方々が面会できるように、面会時間の制限がない施設が多くある。最近では、ペットも大切な家族であることも多くペットが面会できる施設もある。緩和ケア病棟はできるだけ自由に生活ができるように配慮がされている。

(8) 家族へのケア

緩和ケア病棟では、患者だけではなく家族へのケアも提供している。病室は個室が多く（基準では病棟のベッド数の半分以上は個室）家族が患者のそばで宿泊できるソファーベッドなどを備えている施設がある。また、家族が休息するための家族室、患者や家族のために簡単な料理ができるキッチン、家族が入浴できるお風呂などもある。また、患者が亡くなった後、遺族となった家族にもケア（グリーフケア）を提供している。グリーフケアとは、狭義では「患者の死後、遺族への支援を意図した個人あるいは集団による態度や行動、活動のこと」をいう。また、広義には「遺族への直接的、意図的支援だけでなく、患者の死の前後を問わず、結果として遺族の適応過程にとって何らかの助けとなる行いのこと」を意味している[24]。

　ホスピス・緩和ケア病棟では看とりの時にも心電図モニターは装着しない。その理由は、モニターがついていると、家族は患者よりもモニターに目が行ってしまい、モニターの波形や数値に一喜一憂してしまいがちである。モニターがないことで、家族の目は患者自身にそそがれ、体に触れながら家族間の思い出や今までの闘病生活の振り返りなど回想の場にもなる。

　看護師は家族に、これから患者に起こりうる身体の状態の変化を解り易く説明し、脈の取り方や臨終が近くてもできるケア（たとえば口腔ケアやマッサージなど）を伝える。家族には、変化があったら看護師を呼ぶことをお願いし、家族と患者がゆっくり過ごせるように環境を整える。このような時間は家族が看取りにむけて準備ができることにもなる。

　心肺停止となったら、家族が十分に患者とお別れができる時間を提供し、落ち着かれたら看護師を呼んでいただき、医師による死亡宣告をしたあとに当院の緩和ケア病棟では、「末期の水」を取ってもらう。末期の水とは、息を引き取ったあとに家族が枕元に寄って順番にその口許を水で潤すことをいう。このことで、患者の死を自覚し、自然と感謝の言葉やこれからの家族の決意などを患者に伝えることができるようになることが多い。

　その後、家族といっしょに「エンゼルケア」（死後のケア）を行う。エンゼルケアを家族と医療者が一緒にすることで、家族ケアになるが無理強いはしない。体の清拭、洗髪、手浴、足浴を家族と一緒にし、エンゼルメ

イクをする。体腔内の詰め物をするときには、家族に確認をして退席してもらうこともある。当院では、爪床のチアノーゼを考えて透明のマニキュアを施すようにしている。支度が整ったら、医療者みんなで、デイルームでお見送りの会を行う。音楽療法士が、患者や家族の好きな曲をピアノで演奏しデイルームまで移送する。デイルームでは、医師から患者の生き方や闘病生活をねぎらいの言葉が贈られ、家族に対してはこれからの生活にエールを送る言葉かけをする。

ご遺族となった家族へのケアとしては、49日を過ぎたころにはがきの送付をする。また2カ月に1回は遺族会を病棟で開催して遺族ケアを提供している。

③ホスピス・緩和ケア病棟の費用（2014年4月現在）

厚生労働省から「緩和ケア病棟」として承認を受けた病棟に入院して緩和ケアを受ける場合、医療費は定額制（治療内容に関わらず1日の医療費が一定額に決められている）となっている。

入院30日以内の場合、医療費は1日あたり4926点（4万9260円）だが、医療保険が適用されるので、3割負担の場合は1日あたり1万4778円、1割負担の場合は1日あたり4926円となる。31日以上60日以内の場合は1日あたり4412点（4万4120円）、61日以上の場合は1日あたり3384点（3万3840円）になる。また、病院の体制等により上記に加算がつく場合もある。

1カ月の支払い医療費の合計が一定額以上になる場合は高額医療費制度を利用して自己負担限度額を超えた部分の払い戻しを受けることが出来る。70歳未満の人はあらかじめ「限度額適用認定証」を取っておくことにより、病院での支払いを高額医療費の上限額までとすることができる。70歳以上の人は手続きをしなくても、病院での支払いは高額療養費の上限額までとなりますが、住民税非課税世帯の方は減額手続きをとることによって、より費用を抑えることができる。

医療用の他にかかる費用としては、食事療養費や室料差額などが必要な場合がある。室料差額代は施設によって異なるが、どの施設にも無料の病

室がある。

したがって、緩和ケア病棟に入院しても特別に入院費が高くなることはなく、高額医療費の制度を利用すれば、一般病棟の入院と同じになる。

(3) ホスピス・緩和ケア病棟での生活

緩和ケア病棟の目標は、病気を治すことではなく、つらい症状を緩和してできるだけ日常生活が快適に過ごせるように治療・ケアを受けることである。どこの病棟でも必ず行うのが症状の治療である。なかでも痛みの治療は最優先で行い、モルヒネをはじめとしたオピオイドやさまざまな薬剤を含むさまざまな痛み止めを駆使して痛みを取り除いていく。難しい痛みには、神経ブロックや放射線治療などの緩和ケアの専門的な痛みの治療を行う。

ひと昔前は、緩和ケア病棟は「命の終わりまでの時間を、痛みを取って療養する場」というイメージだったが、現在はさまざまなタイプの緩和ケア病棟がある。ベッドに余裕があれば、比較的ゆったり療養する病棟になり、人生の最後まで入院する緩和ケア病棟もあれば、頻繁な入退院の緩和ケア病棟もある。

4 介護老人福祉施設におけるエンドオブライフケア

(1) はじめに

2000年の介護保険制度が施行されて以降、特別養護老人ホームへの入所申込者数が増加してきた[25]。また、入所家族の71.4%が「終末期の医療や介護を受けたい場所」として最期まで当該施設で医療や介護を受けたいと希望していることからも[26]、特別養護老人ホームにおける看取りのケアの質の向上はますます重要になってきた。

介護老人福祉施設（特別養護老人ホーム）小郡・山手一番館では、基本方針として、「施設入居者に対し、施設は可能な限り尊厳と安楽を保ち、安らかな死が迎えられるよう全人的ケアを提供するため体制を整え看取り

表 11-8　看取り介護加算について

看取り加算とは別に厚生労働大臣が定める施設基準に適合しているものとして都道府県知事に届け出た指定介護老人福祉施設において、別に厚生労働大臣が定める基準に適合する入所者について看取り介護を行った場合に合っては、死亡日以前 4 日以上 30 日以下については 1 日につき 80 単位を、死亡日の前日及び前々日については 1 日につき 680 単位を、死亡日については 1 日につき 1280 単位を死亡月に加算する。ただし、退所した日の翌日から死亡日までのあいだは、算定しない。

＊　別に厚生労働大臣が定める施設基準は以下のとおり。
イ　常勤の看護師を 1 名以上配置し、当該指定介護老人福祉施設の看護職員により、又は病院、診療所若しくは訪問看護ステーションの看護職員との連携により、24 時間の連絡体制を確保していること。
ロ　看取りに関する指針を定め、入所の際に、入所者又はその家族等に説明し、同意を得ていること。
ハ　看取りに関する職員研修を行っていること。
ニ　看取りを行う際に個室又は静養室の利用が可能となるよう配慮を行うこと。

＊　別に厚生労働大臣が定める基準に適合する入所者の内容は以下のとおり。
イ　医師が一般に認められている医学的知見に基づき回復の見込みがないと診断したもの。
ロ　入所者又はその家族等の同意を得て、入所者の介護に係る計画が作成されていること。
ハ　医師、看護師、介護職員等が共同して、入所者の状態又は家族の求め等に応じ随時説明を行い、同意を得て、介護が行われていること。

出所：社団法人 全国老人福祉施設協議会 平成２１年４月改定 介護保険資料を参照し、改変して作成した。

に努める」ことを揚げ平成 18 年度より、エンドオブライフケアの取り組みを始めた。

　これまで、施設を利用の方々は肺炎や他の疾病の悪化などにより、病院へ入院加療し、入院中に亡くなり施設を退所するか、又は長期の入院治療が必要な状態のため施設を退所することがほとんどであった。しかし、病

院での積極的な治療は行わず、施設で最期を迎えたいという希望をきき、エンドオブライフケアを行った。その経過を報告する。

介護老人福祉施設において看取りのケア（エンドオブライフケア）を実施した場合には、介護保険制度上、「看取り介護加算」が算定される。以下事例を紹介する。

(2) 事例紹介

〈事例1〉A氏（女性）入居当時75歳

①入居時の様子

　　主な疾患：パーキンソン症候群　失語症（幼少期より原因不明）
　要介護：2
　日常生活自立度：A2
　認知自立度：Ⅱb
　キーパーソン：弟
　○当施設入居前より病院入院での生活が長く、入居後すぐに施設での生活には馴染んだ様子であった。失語症のため発語はないが、筆談等でコミュニケーションを図り、もともと穏やかな性格なので、声を掛けると時折、笑顔を見せ過ごす。

②看取り介護にいたる経過

入居2年後頃より、肺炎を発症することが多く、施設での点滴治療、病院への入院を繰り返すようになる。また、徐々に食事摂取量の低下が見られ、家族と相談したのち胃瘻造設を行った。その後も肺炎の発症は度々あり、入院や通院をしていく中、家族より「施設で最後まで過ごさせて欲しい。なじみのある施設職員さんに看取って欲しい。」との要望があり、嘱託医とも相談し、当施設において看取り介護を行うこととなった。

③経過

家族、嘱託医、生活相談員、介護主任、管理栄養士、看護職員とでミーティ

ングを実施する。嘱託医よりAさんの状態と今後施設として出来ること、出来ないことの内容を家族に説明し、家族としての施設での看取りについての意向、意志を確認する。

　Aさんは亡くなる半年前より発熱が度々あり、時には何日も続くことがある。抗生剤の点滴を施行する。日によって、1日4回程度、喀痰吸引を必要とする。血圧、SpO_2（酸素飽和度）は比較的安定している。この頃より、居室を多床室より静養室の個室に移動する。

　胃瘻から栄養補給をしており、栄養注入後に不快そうな表情等見受けられた為、栄養を800Kcal／日、水分800cc／日と減量する。

　比較的、体調の良い時は、職員の声掛けに反応し笑顔も見られるが、体調の優れない時は、なんとなく顔をしかめ苦痛な表情をしていた。なるべく毎日声を掛け、体位変換や吸引等をして苦痛の緩和に努めた。

　亡くなる2カ月前より、喀痰吸引の回数が増加し約2時間おきに必要とする。SpO_2の変動もみられだし、肩で呼吸をする姿も時折見られ始める。この頃より、家族の方に訪問を依頼する。

　亡くなる1カ月前より酸素吸入が頻繁に必要な状態になる。

　亡くなる2日前に急激にSpO_2が低下し、四肢のチアノーゼ、冷感がある。酸素5リットル吸入施行し徐々に回復するが、危険な状態であることを家族に看護職員より伝える。

　死亡時2日前よりSpO_2の低下を繰り返し不安定な状態で、酸素吸入しても、SpO_2上昇みられず、その後次第にSpO_2測定不能となり、家族、職員に見守られながら、息をひきとる。嘱託医、死亡確認する。享年　80歳。

〈事例2〉B氏（女性）入居当時87歳

① **入居時の様子**
　　主な疾患：パーキンソン症候群　老年性認知症　肺腫瘍
　　要介護：4
　　日常生活自立度：B2
　　認知自立度：Ⅲa

キーパーソン：長男

○入居2年前から認知症状が見受けられ介護が必要な状態になり、当施設の通所介護、短期入所生活介護サービスを利用する。夫であるご主人が当施設に入居しており、昔から何処に行くにもいつも一緒で、仲の良い夫婦だったとのことで、是非「父親と一緒の施設にお願いしたい」と長男さんの強い希望もあり、入居となる。

　　入居後は夫婦共に仲睦ましく過ごされ、もともと明るい性格で何か話しては笑い、歌を歌う姿もしばしば見られた。

②看取り介護にいたる経過

　当施設に入居後まもなく、生活環境変化にうまく対応できなかったのか、体調を崩す。肺炎と診断され病院で入院治療を受ける。その際の検査で左肺に腫瘍がみつかる。化学療法をしばらく行うが、あまり効果はなかったとのこと。入院先の医師より、本人の年齢や体力を考えると左肺腫瘍の治療に関しては、積極的な治療は勧められない、とのことであった。経過を見ながら、その度に対応療法をしていく方針であることを、長男夫婦と施設看護職員に説明があり、病院退院となる。

　病院退院後、施設生活再開する。腫瘍の経過については6カ月から1年おきに病院へ家族同行で定期受診を行う。徐々に腫瘍の拡大は確認されていた。日常生活は、よく鼻歌を歌い、レクリエーション等にも参加しながら、比較的、元気に穏やかに過ごす。

　亡くなる2年前頃より、パーキンソン症状も進行し、ADL面がほぼ全介助となっていった。この頃より、医療ニーズが高くなることが考えられ、家族、嘱託医師、生活相談員、介護主任、管理栄養士、看護主任とでミーティングを持つ。家族に今後、施設での看取りについての意向を確認すると、「家庭的な雰囲気のこの施設で最後を看取っていきたい。家族として全面的に協力したいので、よろしくお願いします。」と、施設の看取りを希望する。

③経過

　亡くなる約1年前より全身のレベル低下と食事摂取量の低下が見られ

る。食事形態を濃厚流動食ゼリータイプに変更する。長時間の座位を保つことが困難となり、ほとんど日中夜間ともベッド上での生活が主となる。

また、食事量低下により、水分補給の点滴を2日に1回程度行う。

体調の良い日は、家族の名前を呼んだり、隣で職員が歌を歌うと口を動かす。

亡くなる6カ月前からは、食事をするとやや強い喘鳴が見られだす。一段と食事摂取量は低下し、時に血尿がある。泌尿器科の病院へ受診するが、特に原因を特定する検査はせず、止血剤の点滴を行う。

亡くなる1カ月前より、常に喘鳴が続いてある。血圧の低下やSpO_2の低下が見られ始める。

死亡3日前より尿量の低下ある。血圧の数値が最高血圧60代となる。

前日の午後より、血圧測定不能。手首での脈拍も確認とれず。呼吸する胸部の動きと腹部の動脈瘤の拍動で脈の確認や状態を把握する。

最期は自然な状態で、長男夫婦、遠方の長女に看取られながら息をひきとる。嘱託医、死亡確認する。

享年　94歳

(3) エンドオブライフケアの実践を通じて

施設での、エンドオブライフケアを実施することが、ゼロからのスタートであった為、体制を整えることや職員の意識の持ち方、モチベーションはどうなのかなど検討する会議を行い、時間を費やした。

社会的に現代は在宅で看取ることはほとんどなく、また核家族化で死を目前にした人に接する機会も減り、普段から利用者の援助に携わっている職員の多くは、死を直前にした利用者に対してどのように援助していったらよいのかという不安があり、その軽減のため、またスムーズな介護ができるように施設でのエンドオブライフケアについて死生観についてなどの勉強会を施設介護スタッフと開いた。

また、必要書類・物品の準備、容態急変時の連絡体制（図11-5）、看護職員のオンコール体制などのエンドオブライフケアのマニュアルを作成した。

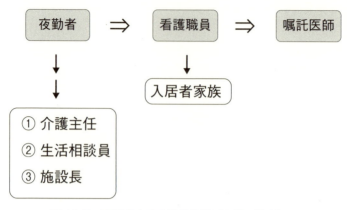

図11-5　容態急変時の連絡体制（夜間の場合）

　しかし、対象者が人であり、状態や状況により対応が異なってくるため委員会を立ち上げ、必要時、会議等を開き柔軟にマニュアルの変更をした。
　看取りについての意向確認については家族が主となった。利用者本人からは認知症や失語症などがあり難しい状況であった。
　体調が悪化し何度か入退院を繰り返される中で、家族から施設でのエンドオブライフケアを希望されることがあり、家族、嘱託医、施設職員（生活相談員・介護主任・看護主任・管理栄養士）とでミーティングを開いた。その際には、当施設でできる医療面の内容を提示し、また介護方針などを説明し同意を得た。
　体調が変わるごとに、キーパソンの方に利用者の容態の説明やこのまま施設でのエンドオブライフケアを進めてよいか意向の確認をした。家族の面会を1週間に1回以上来てもらえるようお願いした。しかし、家族も高齢であることから何かしら病気をもっておられることがあり、施設に来ることが困難な場合は電話連絡のみで様子を伝えた。
　介護老人福祉施設は、病院とは違い介護が主な生活の場である。そのため医療職も割合は非常に少ない状況にある。小郡・山手一番館では、看護師は入居者約70名に対して4名の常勤としている。施設のなかには、病院と併設しているものもあるが、当施設は、地域に総合病院などがあるものの、単独で施設が建っているため、医療機関へは、車に乗って受診にい

く形となる

　エンドオブライフケア期になると、積極的な治療を行わないとしても医療ニーズは高くなる。今回の事例を経験しても、痰の吸引を多いときには1-2時間おきに行い、褥瘡の処置、胃瘻（経管栄養）の管理、血中の酸素濃度が下がれば酸素吸入を行った。日中に看護師が行っていることを、（基本、看護師は夜勤をせずオンコール体制をとっているので、）夜間帯に何かあれば、夜勤者から連絡を受けて対応することとなる。また、介護職員にも若干の医療行為をお願いすることもあった。

　このたびの事例の場合、介護職員は利用者の、食事介助・オムツ交換身体の清潔など生活全面的な援助を行い、看護職員は利用者のバイタルチェックや点滴、胃瘻の管理、創処置、痰の吸引など体調面の管理、医師への状態報告、また介護職員に利用者に関して介護上、気を付ける点や、夜勤帯で利用者を観察するポイント、急変時の対応などを伝えていった。医師は、嘱託医のため週3日の往診と緊急時の電話連絡、危篤時に来ることとなる。

　今回のエンドオブライフケアを行うにあたり、家族へ施設で行うことが可能な範囲の医療行為を提示し、また、容態により嘱託医から病院での治療が望ましいと判断があれば、病院へ入院の可能性もあることに同意していただいた。

　今後、より一層の医療ニーズが高まった場合、特別養護老人ホームでの現状の職員体制で十分行き届いた援助ができるのか不安を感じた。

　また、嘱託医も1人のため、必ずしも連絡が確実にとれる保証はなく、不在の場合も考えられる。その際には地域の当番病院や2次救急病院への救急搬送、場合によっては検死のことも考えられる。そのような状況になった場合、これまで施設でのエンドオブライフケアを希望されていた利用者・家族また援助をおこなってきた職員の気持ちはどうなのだろうかと考える。

　看取りの場所も理想は住み慣れた個室でといわれるが、現実、居室の環境上、職員の見守りのしやすい静養室へ移動した。そして静養室をなるべく殺風景にしないよう、壁を飾り置物を置くなどした。

当施設に入居されている利用者の平均年齢は、87.6歳である。利用者のなかには、人生の終末期を迎えようとされているかたもいる。利用者にとって職員は、人生の中で新たに出会える最後の人かもしれない。職員も利用者との出会いを大切にし、利用者が残された人生をいかに楽しく、穏やかに過ごせるのか、当たり前のことだが、とても大切なことだと感じた。それは、きっと看取った時に心残りのない援助につながるのではないかと思う。

(4) 今後の課題

エンドオブライフケアを進めていくにあたり必要な意志確認について、利用者本人に確認することが望ましいのだが、施設を利用される大半の方々は要介護状態で認知症や高次脳障害などがあり意志の確認は困難なことが多い。そのため、家族の意志が主となり進めていく。家族と施設職員と密なコミュニケーションが必要だと考える。また、家族間の意志の統一ができていることが望ましい。

エンドオブライフケアの利用者の医療ニーズについても、一時的な水分補給の点滴や酸素吸入／口腔内の吸引までが限度である。これ以上の投薬管理などのニーズが上がってくると施設の体制上困難となってくるため、受け入れられる利用者にも制限を設けてしまう。また、夜勤を行う介護職員を中心とした関わる職員のストレス・負担についても、考える必要がある。

畑瀬らは[27]、特別養護老人ホームで看取りを行うに困難な要因として看護職・介護職員の人員不足と医師の協力体制を課題として論じており、看取り体制の整備は全国の介護老人福祉施設の課題といえよう。

5　在宅における高齢者のエンドオブライフケア

(1) 在宅高齢者を支える制度と社会資源

①制度
(1) 老人保健法に基づく保険事業として・健康手帳の交付・健康教育・

健康相談・健康診査・機能訓練・訪問指導・医療等（後期高齢者医療制度：高額医療制度）

(2) 高齢者の医療の確保に関する法律に基づく特定健康診査・特定保険指導

(3) 健康増進法

(4) 介護保険法（高額医療・高額介護合算制度）

(5) 権利擁護や成年後見制度

②介護保険の社会資源

(1) 訪問介護 (2) 訪問入浴介護 (3) 訪問看護 (4) 訪問リハビリテーション (5) 居宅療養管理指導 (6) 通所介護 (7) 通所リハビリテーション (8) 地域密着型サービス (9) 福祉用具貸与 (10) 特定福祉用具販売 (11) 居宅介護住宅改修 (12) 短期入所生活介護 (13) 短期入所療養介護 (14) 居宅介護支援

③在宅医療制度

(1) 在宅療養支援診療所・在宅療養支援病院

在宅療養支援診療所とは、地域における患者の在宅療養の提供に主たる責任を有するもの。

（24時間連絡体制、往診体制、訪問看護体制の確保、緊急時の病床確保・診療情報の提供、共有などの、厚生労働大臣の定める施設基準に適合しているものとして地方社会保険事務局長に届け出た保険医療機関）が、緊急時の連絡体制や24時間往診体制で在宅医療を支援する。

(2) 在宅末期医療総合診療料

在宅末期医療総合診療料は、在宅療養支援診療所又は在宅療養支援病院が、在宅での療養を行っている通院が困難な末期の悪性腫瘍の患者に、往診及び訪問看護により24時間対応できる体制を確保し、計画的な医学管理の下に、次に掲げる基準のいずれにも該当する総合的な医療を提供した場合に、1週間（日曜日から土曜日の暦週をいう）を単位として当該基準を全て満たした日に算定でき、末期療養者を支援する。

〇当該患者に対し、訪問診療又は訪問看護を行う日が合わせて週4日以

上であること。
(同一日において訪問診療及び訪問看護を行った場合であっても1日とする。)

○訪問診療の回数が週1回以上であること。

○訪問看護の回数が週1回以上であること。

(3) 訪問看護ターミナルケア療養費（医療）／ターミナルケア加算（介護）
保険上呼称が異なるが同一サービスである。

主治医との連携に基づいて、訪問看護ステーションの看護師等が在宅で終末期の看護提供を行った場合を評価するもの。最期24時間以内に在宅以外で死亡した利用者のケアを行った場合も評価できる。算定には、在宅で死亡した利用者に対して、死亡前14日以内に2回以上の訪問を行い、かつ、訪問看護におけるターミナルケアの支援体制について、利用者およびその家族等に対して説明をしたうえで、ターミナルケアを行う必要がある。

(4) 24時間対応体制加算・24時間連絡体制加算（医療）／緊急時訪問看護加算（介護）
保険上呼称が異なるが同一サービスである。

利用者又はその家族等から電話等により看護に関する意見を求められた場合に常時対応でき、計画的な訪問以外に緊急の訪問を行える体制を整えていることへの評価である。以下の事項が必要である。

○24時間連絡体制について、その旨都道府県知事に届け出が必要である。

○緊急時訪問を行った場合には、早朝・夜間、深夜の訪問看護に係る加算は算定できない。ただし、特別管理加算を算定する状態の者に対する1月以内の2回目以降の緊急時訪問については、加算を算定する。

○1人の利用者に対し、1箇所の事業所に限り算定できる。2箇所以上の事業所が訪問看護を提供している場合は、合議が必要である。

○同一月に、どちらか片方の保険において算定する。

(2) 居宅介護支援

　居宅サービスの要である。在宅の要介護・支援者が在宅サービスを適切に利用できるように調整を行い、居宅サービス計画の作成とモニタリングを行うものである。依頼を受けると、心身の状況、環境、本人および家族の希望を勘案し、生活上の問題点、解決すべき課題、ニーズを抽出し、利用するサービスの種類、内容、担当サービス事業所の確保を考える。そして、在宅サービスの目標、達成時期を定めた居宅サービス計画を作成し、利用者の決定に基づきサービス提供が適切にされるように調整する。このことを、遂行する人をケアマネージャーと呼称していて居宅介護支援事業所の中に居る。

(3) 居宅サービス

　前述〈(1) ②〉の社会資源を在宅療養時に使うサービスである。ケアマネージャーが利用者と一緒に作った居宅サービス計画に沿い、必要なサービスと事業所を選ぶ。サービスを使う側が生活の目標をきちんと持つことが重要である。

(4) 在宅介護の現状

①少子高齢化と核家族化

　介護者がいない現状と介護者の高齢化が進んでいる。「老・老介護」「老・認介護」「認・認介護」と言い、自助だけでは在宅生活が困難な状況が多くなっている。介護保険のサービスを使うことで、住み慣れた我が家での生活が保たれている。地域には元気な高齢者が沢山いることも事実で、今後は元気な高齢者の力を使う仕組みを作る事が地域の課題である。

②介護者の負担増大

　在院日数の短縮化に伴い早期退院を余儀なくされるため、退院当日から医療サポートが必要な事が多くそれは高齢介護者に委ねられる。介護者の精神的な負担や介護量の増加に繋る。退院直後の訪問看護の活用が望まれ

る。継続医療をシームレスにする事で安心と安全の確保に繋がる。介護者の高齢化は深刻な問題である。居宅サービスの活用は自立を支援することにある。適切且つ効果的に使う必要があり、過剰サービスは高齢者の自立を妨げ、不足のサービスは在宅生活の破綻を早期に起こすことになる。サービスを上手に活用し介護負担を軽減し、病気や障害を持った高齢者が少しでも持てる力を発揮する事が重要となる。高齢者の介護は永く続くのが特徴である。「無理しない・頑張らない、頑張らせない介護」が必要である。

(5) 在宅高齢者の生活の特徴

①長年親しんだ生活リズム

在宅高齢者には必ず、自分の生活リズムや生活習慣がある。それはとても大切な事である。その生活を継続することが、生きていくための目的や自尊心にも繋がっている。

②できていた事ができなくなる

歳を取ることで自分でも予期していない身体の機能低下や脳の機能の低下が起こる。これといった病気が無くても起きてくる。老化である。「見る・聞く・書く・感じる・覚える・食べる・排泄・動く」機能の全てに老化は起きてくる。しかし、それを認めたくないのが高齢者でもある。老化は自分がだめな人間になったような錯覚を高齢者にもたらし、思うようにならない事が怒りや悲しみや閉じこもり現象を作っていくのである。人との交流が次第に少なくなってしまうのも高齢者の特徴である。

(6) 在宅高齢者の身体的特徴

①不眠や鬱

高齢者は病気をいくつか抱え内服をしながら生活をしている。できていた事ができなくなると、鬱的な状況や眠れない状況を生む。その先には、今後の生活への不安が潜んでいる。不安の除去ができれば解決の糸口になる。ゆっくりと高齢者のペースに合わせた観察や聴く姿勢が重要である。この役割をケアマネージャーやサービス提供者が行っている。

②食欲不振・便秘・失禁・しびれ感・各所の痛みの出現

　口腔機能が低下することで食欲がなくなり嚥下機能の低下に繋がり、むせたり上手く飲み込めなかったりする。これは、誤嚥性肺炎を起こす一番の誘因となる。食欲が低下すると、便秘や体力の低下や失禁と繋がっていく。体調が悪くなるといろいろな場所に痛みを感じたりしびれを感じたりと、特別な病気が無くても身体の不調を訴えるようになる。しかし、在宅高齢者は「入院したくない」の思いから、頑張ろうとする。この時期に「早期予防ケアとしてのリハビリテーションを受けることができると、健康の維持ができる。

③寝たきりの状態の出現

　加療していた病気の悪化が大きく影響する。高血圧、心疾患、呼吸器疾患は重症化すると動きをかなり制限する。膝関節炎や腰痛の悪化も動けなくなる要因である。誤嚥性肺炎は生命を脅かすとともに、身体に胃ろうを作って帰らなければならない場合もある。「胃ろう」とは、口から食べる事が困難になった場合、胃に直接流動食が注入できるように胃壁と腹壁に瘻孔を作ること。次に多くあるのが転倒による骨折である。骨折は手や足や腰に多く、それまでの日常の動きを大きく変えてしまい一気に寝たきりになってしまうのである。次に、脳血管疾患で、後遺症は多くの高齢者を悩ませている。これらの疾患は動けない高齢者を生み生きる力を削ぐ原因である。長い寝たきりのあいだに在宅高齢者が一番口にする言葉は「死にたい」である。生きる意欲を取り戻して行く支援が必要である。

(7) 在宅高齢者のエンドオブライフの特徴

　在宅高齢者は短期間にエンドオブライフを迎えることはない。徐々に身体機能が変調・低下していきエンドオブライフを迎える。高齢者の癌によるエンドオブライフの状態も同様である。認知症高齢者のエンドオブライフの状態は、本人が意思を上手く伝えることができないため、介護者が思いを察して関わらなければならない。特徴として、① 日頃の状況が悪化して迎える ② 加療すれば一事的に改善する可能性も高い ③ 合併症が多

いため変化予測がつきにくい ④ 予後予測がつきにくい ⑤ 急変死の可能性も高い ⑥ 介護期間が長い ⑦ 進行が緩徐 ⑧ 医療ニーズが少ない ⑨ 介護ニーズが多い ⑩ 精神的負担は少ない。

(8) 在宅高齢者のエンドオブライフケアの実際

　エンドオブライフにおける医療は緩和医療で、高齢者の身体に負荷の掛からない、自然な終焉を迎えられる医療が大切である。

①本人支援

　病状が悪化してエンドオブライフを迎えても、日単位での身体変化にいたるまでが長期になる方が多い。第一に身体的苦痛の緩和である。正確な身体アセスメント（痛み、倦怠感、呼吸状態、循環状態、腹部症状、排泄状況など）をして、医師との連携で適切な薬剤の使用（補液も含む）をする事が重要である。本人やご家族が納得できる緩和医療を提供していく。看護師がする緩和ケアには、手を身体にあててマッサージや辛いと感じる部分に触るケアがある。倦怠感を軽くし循環を良くする効果がある。辛い部分を温罨法・冷罨法する。臥床時や座位時のポジショニング、メンタルヘルスケア、清潔援助などがある。看護師が直接提供したり、家族へ助言や指導をして家族がしたりする。

　次に、本人の希望が叶うような関わりをする。大抵「家族が傍にいるだけで良い」と言われるが、日々の関わりの中でいろいろな希望が出てくる。体調を診ながら可能な限り希望を叶えることが、生き抜くことの支援の一つである。

　日単位での身体変化が見られたら、ご家族によれば補液中止を希望される方もおられる。生きてきた長い人生を自分自身で肯定できるための話や語りかけをしていくことが大切である。臨死期は、本人にとって住み慣れた家に臥になり家族が傍にいることが一番である。

②家族支援

　長期に介護をしていても死期が近くなることで、エンドオブライフケアは精神的な負担が増加する。介護力のアセスメントは重要である。高齢者

がエンドオブライフを迎える時、長い介護生活が大変であった家族関係もある。そのために、介護充実感を引き上げる必要がある。本人の苦痛緩和を介護者がすることは、介護充実感へ繋がるしエンドオブライフだけでも質の高い関わりを持つことで、死別後の介護者の後悔の軽減に繋がる。「終わりよければ全て良し」に有るように最期が肝心である。死にゆく人が目の前にいる不安や複雑な気持ちを言葉にして出せるように関わる。臨終に向かう身体的な変調について適切なタイミングで説明する。高齢者のエンドオブライフの身体的変調は予後予測がしにくいだけに、家族との別れの機会を具体的に提示することは重要である。長期介護が報われるように、本人と介護者・家族の関係修復も必要になる事もある。直接の介護者を支援してくれる他の家族の存在は、エンドオブライフケアを支える鍵でもある。高齢者の看取りは、若年者の看取りの喪失感や悲嘆感とは質が違うようである。介護者にとって長い介護期間がすでに心の準備期間となっていて、喪失感や悲嘆感は少ないのが現状である。子供が長く親を介護する場合も、看取り後は安堵感や達成感の方が優位のようである。直接介護に携わらない家族も同じように感じるのは、死別者が高齢であることや人生を全うしたと考えていることに関係する。

③関係者との連携

在宅高齢者の多くは居宅サービスを使っている。身体状況が低下すると通所系から訪問系のサービスに移行していく。どの関係者も長い関係の中で、その方がエンドオブライフを迎える事は関係者にとっても悲しいできごとである。在宅高齢者のエンドオブライフケアを支えるサービスとしてヘルパーは重要な存在である。慣れ親しんだ存在であり高齢者の夫婦にとって、家族同様にヘルパーを頼る方もいる。高齢介護者の変わりにエンドオブライフケアを担うヘルパーは、エンドオブライフケア専門職としての力が必要である。訪問看護師は、ヘルパーに身体状況の情報提供をし、観察ポイントなどの助言をすることで、タイムリーな情報がヘルパーから貰うことができ、タイムリーな支援ができる事に繋がる。

ケアマネージャーや福祉用具業者や訪問入浴業者との情報交換も重要

で、訪問頻度の少ないサービス提供者とタイムリーなサービス提供が出来るように、チーム全員が密に連携をする事が重要である。医師との連携は主に訪問看護師の役割となる。症状緩和が目的になるので訪問看護師のフィジカルアセスメント能力が大切になってくる。

④グリーフケア

グリーフケアは、生前のエンドオブライフケアから既に始まっている。

直接的には、旅立ちの支度（死後ケア）からの関わりをグリーフケアと言っている。

生前の思い出を家族と語り合いながら家族と旅立ちの支度をする事で、遺族の気持ちを整理する事に繋がる。介護者を認め、死者に敬意をはらう儀式である。その後は、弔電や弔問・電話訪問・手紙などで遺族の支援をする。

⑤残された高齢者の生活

独居の高齢者以外は、高齢者エンドオブライフケアを担うのも高齢者であることが殆どである。看取り後の喪失感や悲嘆感は少ないにしても、グリーフケアはもとより、残された高齢者の独居生活が始まることへの気配りが重要になってくる。引き続き居宅サービスが必要な高齢介護者も沢山いる。看取り後にシームレスなサービス提供ができるように考慮する必要がある。日本の文化である「ご近所付き合い」は、1人になった高齢者を支える力を持っている。有効に活用出来るような仕組み作りが必要となってくる。

(9) 事例紹介

〈事例1〉A氏（女性）91歳

主な疾患：気管支拡張症　慢性呼吸器不全　ADL全て半介助　HOT
身長：135cm　　痩せ　息子夫婦と3人暮らし　主介護者は嫁
経過：87歳まで日常生活は自立していたが4年前から肺炎で年に1回

入院治療をするようになる。入院する事でADLが下がり、次第に介助を要すようになる。
200X年　肺炎を繰り返し1年で9回と殆ど入院生活。(家族が付きそう)
200X＋1年2月入院時　訪問看護を勧められ3月の退院時より関わる

  3月　　初回訪問（訪問看護開始）
    退院日にもかかわらず発熱　肺野に湿性の副雑音著明
    排痰療法を中心に包括的呼吸リハビリテーションと家族指導をエンドオブライフケアとして実施
  4-5月　自宅で有意義な生活を送る
  6月　　暑くなり脱水気味　全身状態を診ながら適宜補液実施。高カロリー補助食品も摂りながらも食事は次第に減少
  9月　　徐々に身体機能が更に低下
    身体機能が低下するが痛みや苦しみは無く自然に生活する
  10月Y日　自宅で自然に眠るように91歳の人生を終える

まとめ：嫁による直接介護期間は4年である。肺炎を繰り返すようになって4年間は家族のみの介護であった。介護期間の中で、エンドオブライフは訪問看護が関わっての8カ月間である。前述したように高齢者の予後予測は付きにくく急変も予測される中、一次的には元気になり自宅で安心して過ごすことができ、食べ慣れた嫁の手料理を食べ有意義な時を送る。訪問看護を活用した事で入院が回避でき、介護者は精神的にも時間的にも余裕が出来て畑仕事ができる時間が持てるようになる。それまでの長い生活において家族間の信頼関係が既に構築されており、エンドオブライフケアを家族を含むチームで行うことができた。高齢者のエンドオブライフについては家族の受け入れがあれば在宅で看取りまで有意義に過ごすことが十分にできると考える。

(10) 今後の課題

今後の課題として ①「予防ケアの充実」をする事で元気な高齢者を作り元気で長生きできる社会作りが重要になる。結果としてエンドオブライフが短かくなる事が期待できる。② 高齢者の死を周囲が自然に迎える事ができるように「人の死の考え方の市民教育」が必要になる。③ 高齢者同士や近隣が共助できる社会の仕組みをつくることが地域の課題である。認知症高齢者の急増も踏まえ、住民教育は重要課題である。地域の専門職が先頭に立ち多くの方達と協力をして、課題の解決に努力しなくてはいけない。

[注]

注1）低容量の抗がん剤投与で、がんとの共存をはかり、継続治療を行う方法。

[引用文献]

1) 人口動態統計（2013）上巻表番号 5-17，e-Stat 政府統計の総合窓口．
2) 人口動態統計（2013）上巻表番号 5-22，e-Stat 政府統計の総合窓口．
3) 人口動態統計（2000）上巻表番号 5-22，e-Stat 政府統計の総合窓口．
4) 人口動態統計（2013）中巻表番号 8，e-Stat 政府統計の総合窓口．
5) 川村佐和子他編（2013）看護学概論．メディカ出版，p. 223．
6) 日本ホスピス緩和ケアホームページ
   http://www.hpcj.org/what/definition.html（2014 年 10 月 15 日アクセス）
7) 井口昭久（2001）「高齢者の終末期医療およびケア」に関する日本老年医学会の「立場表明」．日本老年医学会雑誌，第 38 巻 4 号 pp. 584-586．

8) 柏木哲夫編著（1995）ターミナルケア．医学書院 pp. 2-12.
9) Patrick Hanks (1998) The New Oxford Dictionary of English, OXFORD university press, p. 886.
10) 日本ホスピス緩和ケア協会ホームページ
    http://www.hpcj.org/what/definition.html（2014年10月15日アクセス）
11) Rasmussenn CA, Brems C, (1996) The relationdhip of death anxiety with age and psychosocial maturity, J General Psychol.130 (2), pp. 141-144.
12) 田中愛子（2001）共分散構造モデルを用いた老年期と青・壮年期の「死に関する意識」の比較研究．山口医学，50 (6), pp. 801-811.
13) R・J・ハヴィガースト（2004）ハヴィガーストの発達課題と教育．川島書店．
14) 伊藤正男・井村裕夫・高久史麿 総編集（2003）医学書院 医学大辞典．医学書院，p. 2525.
15) 日本学術会議・死と医療特別委員会報告「尊厳死について」（日本学術会議ホームページ）
    http://www.scj.go.jp/ja/info/kohyo/13/15-41.pdf（2014年10月15日アクセス）
16) 北川公子他（2010）老年看護学．医学書院，pp. 303-304.
17) 岡田玲一郎監訳（2001）高齢者の end-of-life ケアガイド．厚生科学研究所，pp. 48-49.
18) 水野敏子他（2009）高齢者高度医療専門病院における死亡前1ヶ月間における高齢者の苦痛．東京女医大看会誌，4 (1), pp. 37-44.
19) 人口動態統計（2012）上巻表番号5-17．e-Stat 政府統計の総合窓口（2013年9月5日公表）．
20) 人口動態統計（2013）上巻表番号5-22．e-Stat 政府統計の総合窓口．
21) 日本ホスピス緩和ケア協会ホームページ
    http://www.hpcj.org/uses/h02.html（2014年11月20日アクセス）
22) 日本ホスピス緩和ケア協会のホームページ
    http://www.hpcj.org/list/relist.html#rpcu（2014年11月20日アクセス）
23) 武田文和監訳（2008）トワイクロス先生のがん患者の症状マネジメント．医学書院．
24) 古井耕太郎・坂口幸弘（2011）グリーフケア　見送る人の悲しみを癒す「陽

だまりの会」の軌跡．毎日新聞社，pp.21-22.
25) 平成21年度老人保健事業推進等補助金特別養護老人ホームにおける入所申込者数に関する調査研究報告書（株式会社野村総合研究所）．
http://www.nri.co.jp/opinion/r_report/pdf/201006_1kaigo.pdf#search
26) 医療経済研究機構（2003）特別養護老人ホームにおける終末期の医療・介護に関する調査研究報告書．財団法人医療経済研究社会保険福祉協会．
27) 畑瀬智恵美・寺山和幸（2010）久保田宏特別養護老人ホームにおけるターミナル・ケアの実態調査．日本看護学会論文集，看護総合36号，pp. 238-240.

［参考文献］

恒藤暁（1999）最新緩和医療学．最新医学社．
窪寺俊之（2000）スピリチュアルケア入門．三輪書店．
櫻井尚子・渡辺月子・臺有佳編者（2009）地域療養を支えるケア．メディカ出版．
社会保険研究所（2010）訪問看護業務の手引き．平成22年4月版．
世界保健機関編／武田文和訳（1996）がんの痛みからの解放——WHO方式癌疼痛治療法．第2版，金原出版．
東原正明・近藤まゆみ編集（2000）緩和ケア．医学書院．
水戸美津子編集（2011）高齢者．中央法規．
三原博光・山岡喜美子・金子努編著（2008）認知症高齢者の理解と援助．学苑社．
村田久行（1994）ケアの思想と対人援助．川島出版．
山口赤十字病院，看護のための緩和ケアマニュアル．第5版．
淀川キリスト教病院ホスピス編／柏木哲夫監修（2001）緩和ケアマニュアル．最新医学社．

第12章　フランスの介護事情

1　はじめに

　フランスでは、2005年度より人口減少社会となっている日本とは対照的に、出生数の維持を背景に依然として人口増が続いている。2014年1月現在、フランスの総人口は約6,600万人である（本国6,390万人、海外県等210万人）が、対前年度比で28万人ほど人口が増加している。この人口増に寄与したのは主に自然増（出生数81.0万人と死亡数57.2万人の差23.8万人）である[1]。

　このようなフランスでも先進各国と同様に、人口の高齢化が進行している。二つの大戦による人口構成の歪みの影響が長く残ったものの、20世紀後半に相対的に高い出生率が維持されたため、その高齢化の速度はきわめて緩やかである。高齢化倍化年数は、スウェーデン85年、イギリス47年、ドイツ40年、さらに日本24年と比べると、フランスは115年である。とはいえ、近年は、平均寿命（2013年：男性78.7歳、女性85.0歳）が伸び、2014年1月現在で65歳以上人口は1,185万人、高齢化率は18.0％に達している。今後は、平均寿命の伸びとともに、1946年生まれのベビーブーム世代が2011年に65歳に達したことから、フランスの高齢化率はさらに上昇すると予想される。

2　要介護期の居住の場

　人生の最終的なライフステージである高齢期は職業生活からの退出と加齢による心身状態の衰えを特徴とする。退職後の生活時間をいかに再編成

するか、心身の能力・機能をいかに保持していくかが、ライフステージ上の課題となる。フランスの場合、公的年金受給が可能になる法定退職年齢がこれまで60歳であったため、60歳前後で退職する人が多い。[注1]退職後のこの時期は、これまでの生活スタイルや価値観の多くを新しいライフステージに合わせて見直し再構成することを余儀なくされる。平均20余年続くこの高齢期は、余暇を楽しんだり地域での社会参加を実現できるが、他方で、徐々に進む心身状態の衰えとともに、子世代の経済的自立の問題、老親世代の介護問題、自身の経済状況の緩やかな悪化などの問題が次々と襲いかかる時期でもある。このような高齢期はおおむね、退職直後の適応期、活動的な退職期、受身的な退職期、要介護漸増期、重度要介護期にわかれる。[2]

　すべての高齢者がこれらの段階を順々に進むわけではない。しかし、要介護漸増期とされる75歳以上になると、要介護高齢者が一定数出現し、これらの人びとへの社会的対応が不可避になる。重度要介護期に相当する80歳代以上になっても、フランスではその86-88％は自宅での在宅生活を継続している。自宅で暮らす超高齢の人びとは、たとえ問題多発の困難地区や介護サービスの少ない農村地域であっても、住み慣れた地域の中で住み続けることを希望している。このような希望に対処するには、住宅、交通、情報・通信、社会サービス等の生活環境の高齢社会への適応が必要になる。とりわけ、加齢に伴う障害への社会住宅の適応、階段・段差など社会住宅へのアクセス確保、公共交通機関やネット環境等の整備とともに、在宅援助・家事援助・訪問看護等の在宅サービスの整備などの高齢者在宅福祉政策の発展と展開が不可避になる。

3　高齢者在宅福祉政策の発展と展開

(1) 高齢者在宅福祉政策の発展

　フランスにおける高齢者在宅福祉政策は、高齢者在宅維持政策として1960年代初めから始まった。1962年のラロック報告書（「高齢者問題委員

会」報告書）は、救貧対策の一環としての貧困な高齢者のための集合施設に対抗するオルタナティブとして、高齢者「在宅維持」の理念を打ち立てている。この理念のもとに、まず、県社会扶助の家事援助サービスが経済社会計画の第6次計画（1970-75年）、第7次計画（1975-1980年）で優先プログラムに位置づけられた。他方、県社会扶助の所得条件を超える所得のある高齢者は、従来から存在する社会保障機関（年金保険金庫の社会保健福祉活動基金 FASS）による在宅援助サービスを受給できた。この家事援助・在宅援助サービスは租税または社会保険料を財源とする一方で、受給者の所得に応じた応能的な利用料支払いも導入された。こうして、80年代末にはほとんどの地域で家事援助・在宅援助サービスが利用できるようになった。[注2]

このような家事援助・在宅援助サービスは、基本的に、国の認証を得た民間非営利組織（アソシアシオン）や準公的組織の市町村社会福祉センター（CCAS）がサービス提供事業者として、県（社会扶助による場合）ないし社会保障機関（FASS による場合）のサービス提供事業の委託を受けて提供した。この時期とくに伸びたのが「提供アソシアシオン」と呼ばれる民間非営利組織である。そこで雇用される家事援助者（または在宅援助者）は、伝統的な家庭内雇用の家政婦よりも職業的な安定を得ることができた。また、提供事業者によるサービスは、価格（公的資金の投入）、サービスの質（時間管理と研修を受けた介護職）、信頼性（組織的な対応）、アクセス性（見近な団体への申し込み）など、総合的にみて信頼に足るサービスという社会的評価を得ていた。

他方、在宅看護サービス（SSIAD）は80年代になって本格的に普及していった。在宅看護サービスは60歳以上の在宅療養者に対して医師の処方に基づいて実施される医療保険の現物サービスであり、要介護高齢者に限定されない。[注3)3)] しかし、受給者の大部分は身体介護や看護的処置を必要とする要介護高齢者である。この SSIAD では、独立開業の自由看護師が主任看護師として事業の運営責任者となり、看護処置は看護師が担う一方、身辺介護は主に医療系介護士が実働部隊として担当する形態が多い。在宅看護サービスの費用は医療保険がカバーするが、現在は各年度の社会保障

予算法により年間の総予算枠と総定員数が決定されている。

(2) 高齢者在宅福祉政策と雇用創出政策の交錯

フランスの在宅福祉政策が展開する時期は、長期大量失業が深刻になり雇用創出が社会政策の最優先課題に位置づけられた時期に重なる。当時、高齢者は日常生活を支えるサービスへの潜在的ニーズを持っているが、いまだそのニーズは充足されない状況にあるとみなされた。この充足されないニーズを満たす「近隣サービス」は「雇用の鉱脈」であり、失業対策にとって大いに有望である、という議論が盛んに行われたのである[4]。こうして、1980年代後半以降の在宅福祉政策は、雇用創出にかかる積極的労働政策の一環に組み込まれ、「高齢者政策の雇用政策への従属」が顕著になった[5]。

1980年代末から90年代には、雇用創出政策に高齢者在宅福祉政策を取り組む形で、高齢者在宅サービスの供給体制が再編されていく。そこに出現したのが、公的資金調達の限界に直面する中で、その他の資金、特に利用者本人の持つ資金や民間資源を可能な限り動員し、それをサービス供給体制に組み込もうとする流れである。そこでは、需要の支払能力の向上すなわち購買力の強化のための直接的な利用補助措置が、サービスに対する

表12-1　高齢者在宅援助サービスの供給体制再編に関わる諸措置

①	1987年1月27日の法律87-39号による「仲介アソシアシオン」の創設：失業者による小修繕、庭仕事、散歩の付添、犬の散歩など、高齢者の在宅生活の継続に必要な臨時の単発的な労働である「小さな仕事」を紹介斡旋する特殊なアソシアシオンの枠組である。高齢者の在宅生活を円滑にするとともに、生活困窮者に中間的就労の機会を提供する。
②	1991年12月31日の法律91-1405号による「家庭内雇用」の促進と「受任組織」（中心は「受任アソシアシオン」）の創設：高齢者が個人雇用主として家庭内労働者を雇用する際、人材募集、給与票作成、社会保険料支払等の雇用主の責任に属する業務を受任する特殊なアソシアシオンの枠組が創設された。高齢者は家庭内労働者の個人雇用主となり、直接雇用の労働契約を結ぶ。あわせて、70歳以上の高齢者が家庭内労働者を雇う場合、その費用の所得税控除、社会保険料雇用主拠出の免除などの優遇措置が導入された。

③	1993年12月20日の雇用に関する5カ年法（法律第93-1313号）による「サービス雇用小切手」（CES）の導入と「家庭内雇用」における直接雇用の簡便化：CES は、個人雇用主が家庭内労働者を雇用する際の給与支払い、給与票作成、社会保険料徴収機関への通知などの諸手続を簡便化するためのツールである。
④	1996年1月29日の法律96-63号によるサービス利用券（TES）の創設とホームヘルプ事業を運営する民間営利企業への税制優遇措置の拡大：TES は、一定数以上の従業員がいる企業内に設置義務のある労使双方からなる企業運営委員会、それがない場合は企業自体が、ホームヘルプ事業の利用を希望する従業員に金銭援助を行うツールとして発行する。同時に、ホームヘルプ事業を運営する民間営利企業も、個人雇用主と同様に税制優遇を受けられるようになった。
⑤	1998年社会保障予算法によるサービス提供事業者の社会保険料雇用主拠出の完全免除：1999年1月以降社会保険料雇用主拠出の完全免除が導入されたが、その適用は無期雇用契約で雇用するホームヘルパーの報酬のみに限定されていた。しかし、2002年7月20日の個別自立手当（APA）創設法により、この措置は有期雇用契約のホームヘルパーの報酬にも適用されることになった。
⑥	2001年7月20日の法律第2001-647号による個別自立手当（APA）および地域高齢者支援情報センター（CLIC）の創設：在宅要介護高齢者のサービス支払能力の向上を可能にする試みは、1997年創設の特別依存給付（PSD）から始まった。2002年1月から実施された APA はそれを改正拡大したものである。同法により、APA の創設のみならず、高齢者とその家族に対して多様化したサービスの情報提供と相談援助を行うための組織 CLIC の設置が着手された。
⑦	2005年7月26日の法律2005-841号による「対人サービス開発計画」の作成と全国対人サービス公社（ANSP）の創設：2004年に入ると、充足されない対人サービスニーズに対応し、また、雇用創出による失業削減を目的として、ホームヘルプ以外の新しい事業（たとえば、個人への情報処理支援サービス、子どもへの学習支援サービスなど）も含めた新しい概念「対人サービス」が打ち出された。政府は、2005年のこの法律による「対人サービス開発計画」において、3年間で50万人の雇用創出を打ち出した。2009年の第二次計画では予測数値を180万人にまで拡大している。また、同法により創設された公施設 ANSP は、多元化・多様化している対人サービス部門の改革の方向づけと関係アクターの結集を目指すものである。

出所：筆者作成。

潜在的ニーズを現実のニーズにし、それを市場での有効需要に結び付けるための呼び水として求められた。80年末に始まったこの動向は何度かの政権交代にもさほど影響を受けず今日にいたっている[6]（表12-1参照）。

4　サービス利用補助制度としての公的介護手当

こうした高齢者在宅福祉サービスの供給体制の再編の一方で、在宅援助・対人サービス利用者の支払能力を補助する公的介護手当が構想されるようになった。

(1) 依存特別給付（PSD）から個別自立手当（APA）へ

最初のサービス利用補助制度は1997年創設の依存特別給付（PSD）であった。しかし、厳しい受給要件のため、利用者は限定的にしか広がらなかった。それに代って創設されたのが2002年実施の個別自立手当（APA）である。地方自治体としての県が法定社会扶助の枠内で運営するこの公的介護手当は、今日のフランスの公的介護保障の要となっている。このAPAは、要介護高齢者が入居施設サービスおよび在宅援助サービスを利用する際の支払能力の向上を図るためのサービス利用補助制度である。

APAの受給対象者は、(1) 60歳以上で、(2) フランスに正規に恒常的に滞在し、(3) 要介護度Gir1（最重度）からGir4（中程度）に該当する必要がある。APAは法定社会扶助の制度であるが、受給に所得条件は問われない。ただし、所得に応じた自己負担を支払う必要がある。APA受給の要件である要介護度は、全国共通の要介護判定尺度に基づき6段階に判定される要介護度のうちGir1からGir4である。つまり、フランスの公的介護手当は、最重度から中程度の要介護者に対して一定のサービス利用補助を付与するが、Gir5、Gir6などの軽度・自立に相当する者は対象としない。対象外のこれらの者が、一定のサービスを必要とする場合は、県の法定社会扶助または年金保険金庫の家事援助／在宅援助サービスで対応することになっている。各要介護度の状態像とAPAの給付限度額は表12-2の通りである。

表12-2 APAの対象となる要介護度の状態像と限度額

	要介護度の状態像	限度月額（ユーロ）
Gir1	ベッド中心の高齢者で、認知機能が重度に変質し、第三者の継続的関与が不可欠である。終末期の要介護者も含む。	1,304.84
Gir2	二つのカテゴリーからなる。①ベッド又は車椅子中心の生活で、認知機能が完全に変質はしていないが、日常生活行為の大部分に介護が必要なカテゴリー、②認知機能の変質があるが、移動能力を維持するカテゴリーである。	1,118.43
Gir3	基本的に認知機能は自立であるが、運動機能の自立は部分的で、身辺自立の援助を日常的に1日数回必要とする。大部分の者は排泄後の清潔保持を1人ではできない。	838.82
Gir4	二つのカテゴリーからなる。①1人での移動はできないが、一旦起床すると室内移動は可能なカテゴリーである。整容および着脱に時々援助を必要とする。大部分の者は1人で食事ができる。②運動機能に問題はないが、身辺活動および食事に援助が必要なカテゴリーである。	559.22
Gir5	自宅内の移動、食事、着脱を1人でできる。排泄、調理、家事に時々援助が必要である。	APAは非該当。ただし、県の法定社会扶助（所得限度額未満の場合）または年金保険金庫（所得限度額以上の場合）の家事援助サービスを受給可。
Gir6	日常生活の自立を失っていない。	

出所：http://vosdroits.service-public.fr/particuliers/N392.xhtml 参照。限度額は2014年1月1日現在。給付限度額から応能制の自己負担部分が差し引かれた金額が支給されるが、その支給額が28.59ユーロ以下の場合は支給されない（2014年1月のユーロ円換算率：1ユーロ≒141円）。

2012年末のAPA受給者は119万人である（対前年度比2.0％増）。県法定社会扶助の何らかの給付・援助を受ける要介護高齢者（高齢障害者を含む）138.5万人のうち85％がAPAを受給している。うち在宅APAは70.1万人（59％）、施設APAは48.9万人（41％）である。2012年末のAPA受給者数は、前身のPSD（2001年の受給者は14.5万人）に比べて8倍以上になっている。とりわけGir4の受給者数の伸びが顕著である。将来のAPA受給者数に関しては、ベビーブーム世代が80歳代に達する

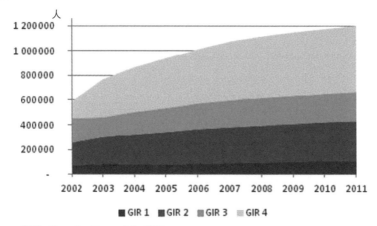

出所:Données Drees, juin-2012.

図12-1　要介護度別のAPA受給者数の変化（2002年末から2011年末）

2030年から要介護高齢者の増加が加速化し、2060年のAPA受給者数は現在のおよそ2倍の230万人に膨張すると予測されている。[9]

(2) 在宅APA

在宅APAの場合、要介護判定によりAPA受給資格を得た高齢者は、要介護度ごとに決められた限度額の範囲内でケアプランを作成し、具体的なサービスを受ける。ケアプランは、保健福祉チームのメンバーの支援を受け高齢者が自分の名義で作成する。在宅APAの受給額は、ケアプランのうち実際に利用したサービスの費用から所得に応じて決定される自己負担を差し引いた額である。[注5] ケアプラン額に対する自己負担の割合は高齢者の所得に応じて変動する。2013年には、月額734.66ユーロ（1ユーロ≒120円の場合、約9万円）以下の所得の場合、自己負担は免除されている。月額2890.09ユーロ（同、約35万円）以上の所得がある場合は、県のAPA支給額はケアプラン額の10％となり、残りの90％が自己負担となる。在宅APAは、有償家庭委託制度により認証を受けた第三者の家庭、25人未満の小規模施設、サービス付き高齢者住宅など、条件を満たす場合は自宅以外でも受給できる。

表 12-3　在宅 APA の受給者構成、平均支給額および自己負担額等
（2011 年 12 月 31 日現在）

	人数 （1000人）	割合 （%）	ケアプラン平均額 （€）	平均支給額 （€）	平均自己負担額 （€）	自己負担支払者の割合 （%）
Gir1	18	2.4	997	810	187	75
Gir2	126	17.5	783	620	163	79
Gir3	156	21.8	578	462	116	79
Gir4	420	58.3	346	297	67	80
合計	722	100.0	487	390	97	77

出所：http://www.drees.sante.gouv.fr/ に基づき作成。

　在宅 APA の対象となるサービスは、第三者による昼間または夜間の在宅援助・在宅見守り、短期宿泊、配食、緊急電話、住宅改修、リネン洗濯、移動、小修繕等のサービスである。また、車いす、歩行杖、移動機器、特殊ベッド、失禁対応用品（医療保険でカバーしないもの）などの福祉機器等も対象となる。在宅 APA の対象外となる要介護度 Gir5 から Gir6 の高齢者は、その所得状況に応じて、各自の属する年金金庫または県社会扶助の在宅援助／家事援助サービスを利用できる。

　在宅 APA に基づく在宅援助サービスに関して、1980 年代末から 3 通りの利用方法が広がっている。(1) サービス提供事業者（「提供アソシアシオン」が中心）の被用者を在宅援助者＝ホームヘルパーとして使う方式、(2) 社会的困窮者に対して寄添い型就労支援を行う「経済活動による参入組織」（SIAE）としての「仲介アソシアシオン」の参入被用者を使う方式、(3) 高齢者自らが個人雇用主となり在宅援助者と相対で契約を結ぶ直接雇用の方式である。直接雇用の場合は、在宅援助者の募集・給与支払事務等を受任事業者（中心は「受任アソシアシオン」）に委ねることがある。一般に、(1) の在宅援助者は恒常的な指導監督と研修が行き届き質が高いが、その分単価が高くなるため、(3) の方式が拡大している。(2) は家事援助・小修繕・庭仕事等に利用されることが多い。

　在宅援助者を直接雇用する場合、配偶者、同棲者、PACS 締結者[注6]を賃金報酬の対象となる被用者にすることはできない。しかし、その他の親族（た

とえば、子ども）を被用者として雇用しても差し支えない。その場合、在宅APAの受給者である高齢者は、サービスを提供する者を直接雇用する個人雇用主となる。一方、民間非営利組織、準公的機関、民間営利組織はともにサービス提供事業者にも受任事業者にもなることができる。サービス供給体制のこのような変容を反映して、アソシアシオンの多くは、在宅援助サービスの提供事業者と受任事業者の両方を兼ねたり在宅看護サービスを運営するなど、多角的な運営をしている。

(3) 施設APA

施設APAの説明の前に、フランスの高齢者保健福祉施設（EHPA）の概要を示しておきたい。フランスの高齢者の居住の場としての保健福祉施設は、伝統的に老人ホーム、高齢者住宅、長期滞在療養ユニット（USLD）の3タイプに分かれる。フランス語で「年金ホーム」を意味する老人ホームは、年金の範囲で入居できる居住施設という趣旨から始まった。個室または住戸での宿泊、食事、他の特別サービスを含めて、高齢者に包括的かつ総合的なケアを提供する集合的な宿泊施設である。高齢者住宅は、独立した部屋または住戸の集合で構成され、一定の設備またはサービスを提供するが、付属のサービス自体の利用は任意とされる。長期滞在療養ユニット（USLD）は、重度の要介護者を受け入れる医療設備を備えた施設である。

2002年以降、医療機能を付した高齢者介護施設（EHPAD）が、当該施設・県・医療保険制度との三者協定に基づき整備されている。EHPADは、USLDまたは老人ホームからの転換が大部分であるが、別途の運営費補助を受けているため、上記3タイプの施設とは区別されている。EHPADの整備は伝統的な施設の入居者が次第に重度の要介護者となってきていることへの対応である。これに加えて、2007年以降は、ショートステイ、デイセンターや実験的な施設も導入されている。2007年末現在、これらの高齢者施設（EHPA）は約1万施設、定員数68.4万人である。そのうち、重度の要介護高齢者に対応するための医療機能が付された医療化施設であるEHPADは施設数で67％、定員数で75％である。つまり高齢者施設の定員数の4分の3は重度要介護高齢者を対象としている。[10]

このほかに、ここ数年来、保健福祉事業開始の認可手続を踏まない、したがって法規制の適用外となっている高齢者向け居住施設が増加している。これらの施設は「年金ホーム」の名称を使うことができず、退職者向け賃貸レジデンス、シニア向けレジデンスなど、一般に「レジデンス」と呼ばれる。認可施設の不足ないし整備の遅れに呼応する形で、民間営利企業がこの種の居住施設を開発する場合が多い。区分所有または賃貸の形式で、くつろぎと健康の維持をベースとした居住環境を提供する。しかし、その購入または賃貸価格は一般に非常に高く（賃貸の場合、月額3000-4000ユーロ：1ユーロ≒120円の場合、36-48万円／月）、支払能力のある中間上層または富裕層向けの居住施設といえる。それに比べて、上記の認可施設の入居費用ははるかに安い。とはいえ、現金収入の少ない多数の高齢者にとってはやはり「高い」と実感されている。[注7]

表12-4　認可施設整備率（75歳以上の高齢者1000人当たりの施設定員数）

	1996年12月31日	2003年12月31日	2007年12月31日	2010年12月31日
施設整備率 （USLDを含む）	166	143	127	122

出所：*Rapport du groupe, Accueil et accompagnement des personnes âgées en perte de l'autonomie*, Annexe, 2011, p. 9.

　介護施設の費用は基本的に宿泊費用（住居費、食事、リネン類費用等）、療養費用、介護費用の3体系で構成されている。そのうち療養費用は医療保険により、介護費用の一部は施設APAでカバーされる。各施設の介護費用は重度（Gir1とGir2）、中度（Gir3とGir4）、軽度（Gir5とGir6）の3段階に分かれ、このうちの重度、中度の入居者の介護費用はAPAで補填され、収入に応じた自己負担の支払いが必要となる。軽度の入居者はAPA受給の権利がなく、当該施設の軽度者用の介護費用を支払う。このように施設APAは、介護施設の費用のうち要介護度ごとの介護費用の一部を補填するにすぎず、残りの介護費用および高額の宿泊費用は自己負担になる。この費用が年金収入に比して次第に高騰してきているのである。たとえば、2008年時点で、80歳台以上の高齢者の月平均年金は、男

性1500-1800ユーロ、女性700-1100ユーロである[11]。それに対して、老人ホーム、高齢者住宅、サービス付きレジデンスの費用はいずれも平均年金をはるかに超える。そのため、施設費用を賄うだけの所得（主に年金）がない高齢者が要介護施設へ入所する場合、施設は入居費用の支払について扶養義務者に扶養義務の履行を求めている[注8]。

表12-5 入居施設の三つの費用体系

宿泊費用	自己負担。自己負担が困難な場合は、県社会扶助の高齢者宿泊扶助を利用できる（扶養義務の適用がある）。一定額以上の相続遺産がある場合、費用回収制が適用される）。
療養費用	医療保険で対応
介護費用	一部APAで補填

出所：筆者作成。

　介護施設の入居費用のうちの宿泊費用部分の支払いが困難な場合は、65歳以上（障害のある場合は60歳以上）の高齢者は県の法定社会扶助である高齢者宿泊扶助（ASH）を申請できる。このASHを受給した者が一定の相続財産を遺したり、遺贈・生前贈与をした場合は、一定の範囲で費用回収制の対象になる。

　介護施設の入居費用の高騰のため、また、在宅生活の継続希望もあり、高齢者施設の入所年齢はますます遅くなっている。その結果、高齢者施設は超高齢の要介護者が集中する傾向にある。2007年末の調査では、高齢者施設の入所者の平均年齢は84歳で、その84％が要介護者、さらにその半分は重度要介護者となっている[12]。

5 介護の担い手

　フランスの職業的介護の担い手は、高齢者の在宅介護にかかわる介護専門職である福祉系介護職と高齢者施設や在宅看護サービスにかかわる医療系介護職とに分かれる。在宅介護に関わる福祉系の資格としては、2002年に「社会生活介護士」（DEAVS）という国家資格が創設されている。DEAVSの有資格者は、高齢者、障害者、児童、家族、病人などの在宅生

第12章 フランスの介護事情 215

表12-6 在宅援助者／ホームヘルパーと見なされる職業カテゴリー

職業名	主な職務	主な対象者	資格取得要件
家事援助員 （agent à domicile）	生活の快適さを維持するために簡単な家庭内活動を行う。例：掃除、アイロンがけ、食事の準備	これらの職務を監督・監視できる能力を持つ人々	特別の資格は不要。但し、義務教育修了と個人的な日常生活体験が必要。
家庭内使用人 （employé à domicile）	家庭内活動と事務的活動への援助を行う。例：住宅保守（掃除、アイロンがけ）、買物、整容介助、食事の準備、移動援助、事務援助、情緒的会話。幼児教育活動による子どもへの援助も含む。	日常生活の通常の行為を1人では完全にできなくなった人々、または、一次的な困難に遭遇している人々	レベル5の学歴、各省庁認定の資格（家庭生活援助者資格、保健福祉職業資格BEP、乳幼児CAP、調理要員CAP等）。VAEによる資格取得も可。
生活介助員 （auxiliaire de vie）	虚弱な人々をその住宅で世話し自立が保持できるよう刺激の付与、寄り添い、安心の付与と技術の指導などを行う。例：住宅保守、買物、食事の準備、整容介助、食事介助、移動援助、および社会的・情緒的な刺激の付与。当事者の状況の変化に応じて、介助チームとの連携、状況の評価を行う必要がある。	日常行為を1人では行えない虚弱な人々（高齢者、障害者、病人）	DEAVS（保健省管轄）又は在宅援助証明資格（国民教育省管轄）の保持が義務づけられる。レベル5+の学歴に相当。VAEによる資格取得も可。
福祉的家族介入専門員 （technicien de l'intervention sociale et familiale : TISF）	困難に遭遇している家族に、子育て支援、技術的支援、心理的支援を行う。日常生活および子どもの養育に関する援助を通して、予防的・修復的な福祉介入を行う。	一次的または恒常的に困難に遭遇している家族。例：妊娠と出産、配偶者・子どもの死亡や入院、夫婦間DV、児童虐待などに直面する家族	DETISF又は家族ワーカー資格（保健省管轄）の保持が義務づけられる。レベル4の学歴に相当。VEAによる資格取得も可。

出所：http://www.anjoudomicile.fr/emploi-creation-d-entreprise/les-metiers-et-le-secteur-des-services-a-la-personne/les-principaux-metiers-de-l-aide-a-domicile/print.html に基づき作成。

活の維持を主な職務とするが、家事援助や身体介助のみならず、利用者を社会につなげる社会生活の補助者としての役割も重視されている。さらに、学歴（高校卒業資格バカロレアの有無、バカロレア後の就学年数等）に応じて取得できる多様な資格・免状・職業適性証明書が存在する。一定の資格については、「実務経験に基づく資格取得」（VEA）が認められている。これらの資格の取得者は無資格者よりは労働契約、報酬面で優遇されるが、無資格者が在宅介護の職業から排除されるわけではない。福祉系または生活系の介護職の主な資格としては、表12-6のようなものがある。

医療系介護職に関しては、2007年に、従来の職能資格から格上げされた「看護介護士」（DEAS）という国家資格が創設されている。DEASの有資格者は、入居施設または在宅看護サービス事業所の被用者となることが多い。[13] 在宅介護を支える要の一つである在宅看護サービスも、医師の指示により管理運営にあたる主任看護師の下で看護介護士が介護行為の実務にあたることが多い。

在宅APAは福祉系介護職の報酬に充当されうるが、医療系介護職の報酬はAPAの対象外とされ医療保険でカバーされる。

6　介護哲学・技法としての「ユマニチュード」

フランスでは、65歳前は0.5％、それ以降は2-4％、80歳代以降の超高齢期には15％の認知症患者がいるとみられ、現在、認知症患者は86万人に上ると推計されている。[14] これらの認知症高齢者への対応として、「ユマニチュード」に注目が集まっている。これは要介護高齢者のシティズンシップや人間性を尊重する介護哲学・技法である。

認知症高齢者への対応は、長い間、超高齢者に対するマイナスイメージに基づいて行われてきた。超高齢者は、労働に過度に価値を置く現代社会では、無用の非生産的な存在と見なされ、社会から排除され、隔離されてきた。その根本には、高齢者の失った能力と苦痛に焦点を当てる考え方があり、超高齢者は認知能力、身体能力を失った病人という捉え方に傾きがちであった。このような考え方は「超高齢者のニーズは、本人より周囲の

者（専門職、家族）の方がよく知っている」という自律・自己決定とは真逆の哲学に支えられていたと言える。

　30年近く介護現場で働いてきたロゼット・マレスコッティとイヴ・ジネストは、このような状況を刷新しようと、高齢者の人間性を重視する介護哲学・技法の考案・開発にあたってきた。これが日本でも最近注目されるようになった「ユマニチュード」である。なぜ超高齢者のシテイズンシップと人間性の承認が必要なのか。その答えは、経験知によって明らかになった。疲弊した、要介護の、病人である超高齢者は、超高速で進む現代社会が見落としている、人生にかかわる様々な事柄を教えてくれる存在である。このような超高齢者の記憶・人間性に寄り添った介護技法を実践することは、高齢者本人の生活の質の改善につながるのみならず、周囲の介護者（専門職および家族）の自己達成感が高まり、介護労働の効率性も良好になることが明らかになったのである。

　「ユマニチュード」の介護技法は、人間が生物学的な存在から社会的な存在になる過程で受ける扱いを、認知機能を失った高齢者にテクニックとして行うことを基本とする。それは、①「見つめること」②「話しかけること」③「触れること」④「立つこと」を基本的特徴とし、全部で約150に細分化されたテクニックによって実践される。イヴ・ジネストらによると、高齢者が「話しかけられるのは1日に100秒」「見つめられるのは1回だけ」といった「繋がりの欠如」の介護環境におかれると、認知症の症状はさらに悪化する。そして、「繋がり」を持ち続ける唯一の方法は、正面から見つめ、話しかけながら触れて、仕事（介護）をすることであり、（介護の）「心」は関係ないとまで言い切る。可能な限り要介護高齢者を二本の足で立つように導くことは、生理学的にも社会的にも高齢者の人間性を取り戻すことを意味する。二足で立つことは、重力の作用により、筋力、血液循環の動きを活性化する。二足で立つことにより、視野が広く高くなり、周囲の者の上からの目線ではなく、周囲の者と対等な目線を確保することができる。

　「ユマニチュード」の介護技法の中でとくに注目されるのは、同じ目線で見つめ、話しかけ、触れながら介護するというオート（自己）・フィード・

バックのコミュニケーション手法である。これは二つの原則からなる。一つは、介護の一つひとつの動作を告げること（予告的情報提供）、もう一つは、一つ一つの動作を描写すること（描写的情報提供）である。たとえば、入浴介助の際には、「Aさん、今から、腕を洗いますよ」と告げ、「今、腕を上にあげています。左の腕からです。手のひら、手の甲に石鹸を付けていますよ。二の腕を洗っています」と動作を逐次的に描写する。言葉の発信者（介護者）が描写的言語メッセージを受け手（要介護高齢者）に送ると、受け手から言語・非言語メッセージ（言葉・表情・動作）が発せられ、それが発信者に届いて仕事（介護）の意欲につながる。「ユマニチュード」では、認知症の周辺症状（せん妄・徘徊・同じ質問の繰り返しなど）に対しても、一つ一つ具体的な解決策を提示する。不安からくるせん妄・徘徊は、見つめ、話しかけ、触れる介護によって著しく改善されるという。時間や場所について同じ質問を繰り返す認知症高齢者への対応としては、質問の根底にある不安の放逐を目的に、見つめ、話しかけ、触れながら関心を別の事柄に移させるという技法を提案する。[16]

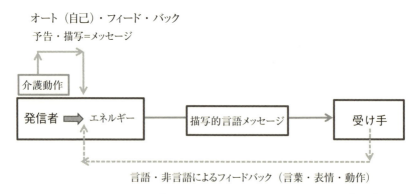

ⒸCommunications et études corporelles(CEC)2005

出所：Yves Gineste et Jérôme Pellissier, *Humanitude. Comprendre la vieillesse, prendre soin des Hommes vieux,* nouvelle édition, Armand Colin, 2008, p. 246.

図12-2　オート・フィード・バックコミュニケーションの図式

このような介護技法はフランス国内で徐々に普及し、介護施設や長期滞在ユニットの介護専門職に介護労働に対する達成感を与え、費用対効果の点でも効率的という評価が広がっている。
　今日では、「ユマニチュード」はフランス語圏の7カ国で取り入れられ、フランスだけでも400箇所以上の施設で活用されている。これらの施設では介護職の職業的達成感も高まり、離職者が顕著に減ったと言われる。このような「ユマニチュード」の技法は、介護専門職のみならず、家族介護者のあいだにも、具体的でわかりやすい技法として広がりつつある[17]。

7　おわりに

　今日のフランスの介護事情をめぐっては、三つの課題を指摘できる。第一は、多様かつ細分化された各種サービスの情報に要介護者自身が容易にアクセスできるようにするにはどうすべきかという課題である。そのため、高齢者サービスに関する情報提供、相談助言および連携化を主業務とする地域高齢者支援情報センター（CLIC）の拡充が求められている。第二は、利用方式によって異なるサービスの質の確保に関する課題である。APAにより在宅介護サービスを利用する場合、要介護者本人が個人雇用主として介護職を直接雇用する態様が非常に普及している。相対での直接雇用のほか、受任事業者を介して介護職を雇用する場合も、労働契約上は直接雇用に相当する。そのため、伝統的な提供事業者（「提供アソシアシオン」が中心）は、その被用者である介護職が有資格者で質も高く信頼を得ているにもかかわらず、サービス料金の時間単価が高くつくため経営上の苦戦を強いられている。専門職化による質の確保が時間単価の高騰を招くという事態をどのように解決するかが問われているのである。第三は、税財源のAPAによる公的介護保障の限界を前にして、「第5のリスク」への対応の行方がどうなるかという課題である。これまで何度か公的介護保険創設論が登場したが、雇用情勢の好転が見えない中で、財政難と負担増の懸念から立ち消えになり、まだ先が見えない。
　このような中で、フランス発信の介護哲学・技法である「ユマニチュー

ド」は超高齢の重度要介護者や認知症高齢者への対応の有効な選択肢となりつつある。「ユマニチュード」がめざす、超高齢者との繋がりの回復による実用的かつシンプルな介護技法は、日本でもその普及が期待される。

[注]

注1) フランスの公的年金満額受給開始年齢は、左派ミッテラン大統領時代の1983年にそれまでの65歳から60歳に引き下げられた。しかし、右派サルコジ大統領時代の2010年9月に成立した公的年金改革法により、2011年から徐々に引き上げられ、2018年以降は62歳になる。

注2) 県社会扶助の家事援助は法定サービスであるが、扶養義務者に対する扶養債権、家族給付、住宅補助は受給のための収入認定から除外されている。個別自立手当（APA）以降、県社会扶助としての家事援助サービスは、その者が、年齢条件および必要条件を満たし、かつ、APAを受給しない場合にのみ、受給できることになっている。

注3) 2004年より、在宅看護サービスは、60歳未満の在宅療養者も利用できるようになった。しかし、それ以降も、その受給者の約95％は60歳以上となっている。

注4) PSDやAPAのほか、60歳以上の障害高齢者が受給する第三者補償手当（ACTP）や障害補償給付（PCH）がある。

注5) 在宅APAも施設APAも、受給者の支払うべき自己負担額算定の収入認定には課税申告所得、配偶者の所得、資産等からの所得が考慮される。しかし、現住住宅の価値、終身定期金、家族からの援助、葬儀費用、葬祭料などは収入認定外となっている。

注6) PACS（民事連帯契約）は、同性結婚の代替措置と見なされることがあるが、結婚より規制が緩く、同棲よりも法的権利等を享受できるため、異性カップルにも浸透している。

注7) たとえば、高齢者情報サイトagevillageによると、適正家賃住宅（HLM）

公社の建設する Edilys はミニキッチン・風呂付の 1 部屋から 2 部屋の住戸 60-90 戸で構成される EHPAD である。入居時に 1 万ユーロ支払った上で、月 900-1200 ユーロの賃借料を支払う、相対的に安い入居施設である。財源を提供する補足年金金庫加入の退職金受給者は、入居時の 1 万ユーロが免除されることがある。他方、高齢者関係の定期刊行誌 Notre Temps のサイトによると、2013 年 10 月時点の老人ホームの入居費用は、パリ市周縁のイル・ド・フランス地域圏で月 2200 ユーロ（パリ市内では 2700-4600 ユーロ）、地方で 1500-1800 ユーロである（ユーロ円換算率は、2012 年 12 月時点で 1 ユーロ ≒ 110 円、2013 年 12 月時点で 1 ユーロ ≒ 145 円）。

注8) フランス民法典第 205 条において、「子どもと尊属間」「配偶者間」（PACS 締結者も含む）「姻族としての婿・嫁と義理の両親間」の扶養義務が規定されている。県によっては、「孫と祖父母間」にも扶養義務を求める場合がある。他方、兄弟姉妹間には扶養義務が規定されていない。

注9) たとえば、NHK オンライン「フランス発"魔法"のような認証症ケア」（2013 年 9 月 19 日）。

[引用文献]

1) *Insee Première* N°1482, janvier 2014.
2) Bruno Drevet, "Les enjeux du vieillissement pour les bailleurs sociaux, Les entreprises sociales pour l'habitat," *L'allongement du temps de la vie:quels impacts sur le logement social,* La Documentation Française, 2006, pp. 20-22.
3) Dominique Bertrand, "Les services de soins infirmiers à domicile en 2008," *Études et résultats,* N° 739, septembre 2010.
4) Isabelle Butté-Gérardin, *L'économie des services de proximité aux personnes. Le cas du soutien à domicile aux personnes âgées,* L'Harmattan, 1999, p. 7.

5) Dominique Argoud, *Politique de la vieillessse et décentralisation*, Erès, 1998.
6) Conseil économique et social, *Le développement des services à la personne*, 2007, pp. 51-25.
7) Françoise Borderies et Françoise Trespeux, "Les bénéficiaires de l'aide sociale départementale en 2012," *Études et Résultats*, N° 858, novembre 2013.
8) Ibid.
9) Aude Lecroart, Olivier Froment,Claire Marbot et Delphine Roy, "Projection des personnes âgées dépendantes," DREES, *Dossiers Solidarité et Santé*, N°43, septembre 2013.
10) Julie Prévot "L'offre en établissements d'hébergement pour personnes âgées en 2007." *Études et Résultats*, N°689, mai 2009.
11) http://www.insee.fr/fr/themes/tableau.asp?reg_id=0&id=210
12) Julie Prévot, *op. cit.*
13) Jean-Noël Lesllier, *Les services à la personne, comment ça marche?* 2e édition, WoltersKluwer, 2009, pp. 168-198.
14) Rapport de l'évaluation du plan Alzheimer 2008-2012, juin 2013, p. 9.
15) Yves Gineste et Jérôme Pellissier, Humanitude. *Comprendre la vieillese, prendre soin des Hommes vieux*, nouvelle édition, Armand Colin, 2008, pp. 246 et suiv.
16) Ibid. および本田美和子，イヴ・ジネスト，ロゼット・マレスコッティ（2014）ユマニチュード入門．医学書院，pp. 57-61.
17) http://mainichi.jp/englishu/englich/features/news/20131029p2a00m0na 008000c.html（英字毎日 2013 日 10 月 29 日）

[参考文献]

Argoud, Dominique (1998) *Politique de la vieillessse et décentralisation*, Erès.

Butté-Gérardin, Isabelle (1999) *L'économie des services de proximité aux personnes. Le cas du soutien à domicile aux personnes âgées*, L'Harmattan.

Lesllier, Jean-Noël (2009) Les services à la personne, comment ça marche? 2^{e}édition, Wolters Kluwer.

Bertrand, Dominique (2010) "Les services de soins infirmiers à domicile en 2008", *Études et résultats*, N° 739, septembre.

Gineste, Yves et Pellissier, Jérôme (2008) *Humanitude.Comprendre la vieillesse, prendre soin des Hommes vieux*, nouvelle édition, Armand Colin.

Prévot, Julie (2009) "L'offre en établissements d'hébergement pour personnes âgées en 2007", *Études et Résultats*, N° 689, mai.

ANSP (2012) *Guide des métiers et certifications professionnelles des serсices à la personne* (http://www.servicesalapersonne,gouv.fr/)

Rapport du groupe (2011) Accueil et accompagnement des personnes âgées en perte de l'autonomie.

原田康美 (2002) フランスにおける高齢者在宅福祉サービスの供給体制と市場的再編——高齢者政策と雇用政策の交錯. 日仏社会学会年報第12号, 12月.

藤森宮子 (2010) 日仏比較の視点から見る——フランスの介護職と人材育成政策. 現代社会研究, 13号12月, 京都女子大学.

本田美和子, イヴ・ジネスト, ロゼット・マレスコッティ (2014) ユマニチュード入門. 医学書院.

おわりに

　今も 2015 年の介護保険法の改正に向けて、厚生労働省では活発に議論がされている。最大の課題は、団塊の世代が 75 歳以上になる「2025 年問題」にどう対処し、持続可能な介護保険制度にするためには、どうすればよいのかである。介護保険制度導入時より介護保険制度の総費用は膨らみ続け、2013 年度は介護保険制度導入時 (2000 年度) の 2.6 倍にまで膨れ上がった。また、65 歳以上の第 1 号被保険者の介護保険料も第 5 期 (2012 年度から 2014 年度) は第 1 期 (2000 年度から 2002 年度) の約 1.7 倍にまでに上昇した。そして、2025 年度には介護保険料が 8200 円程度まで上昇する見通しである。介護保険財源をどう抑え、負担をどう分かち合うかもしっかりと議論をする必要がある。

　そこで 2015 年の改正介護保険法について議論をするなかで、厚生労働省は、要支援者向けの介護予防訪問介護・介護予防通所介護を介護保険制度から切り離し、市町村の独自事業に移管する改革案を示した。2013 年 12 月時点で、要介護（要支援）認定者は約 580 万人であり、そのうち要支援者は約 160 万人である。認定を受けた者の 4 分の 1 以上の者が介護保険制度の対象から外されることになる。介護保険制度発足当初に掲げた「介護の社会化」の約束は、どうなったのか疑問が残るものの、2015 年の改正介護保険法により、高齢者介護の制度と福祉サービスが要介護高齢者等やその家族、そして福祉従事者にとって、よりよいものになることを期待したい。

　本書は、誰もが安心できる高齢社会の実現に向けて、多くの研究者・実践家にさまざまな視点から論じていただいた。読者からの忌憚のない意見をお寄せいただければ幸いである。

　最後に、今回の出版に際して、いろいろとご尽力いただいた関西学院大学出版会の田中直哉様と戸坂美果様に感謝の意を表します。

　　2014 年 8 月

　　　　　　　　　　　　　　　　　　　　　　　　　　　新　井　康　友

索　引

〈アルファベット〉

M
MCI　29

O
OFF-JT　44, 126
OJT　44, 126

S
SDS　44

〈かな〉
（五十音順）

あ
ICU治療　71
アイマークレコーダー　93
アソシアシオン　205, 212
アドバンスドデレクテブ　163

い
依存特別給付（PSD）　208
医療ソーシャルワーカー　75
医療保険　14
インフォームドコンセント　69

え
エスノグラフィー　83

エンドオブライフケア　159

お
オート・フィード・バックコミュニケーション　218
オート（自己）・フィード・バックのコミュニケーション手法　217

か
介護サービス市場　108
介護職員処遇改善交付金　125
介護心中・介護殺人　25
介護福祉士　123
介護保険　13, 120
介護保険施設　35
介護保険施設数　133
介護保険制度　131
介護予防ケアマネジメント事業　53
介護療養型医療施設　37
介護老人福祉施設　35
介護老人保健施設　36
学習障害　71
看護介護士　216
緘黙症　71
緩和ケア　162
緩和ケアチーム　169
緩和ケア病棟　173

き
擬似市場　112
キャリアパス　44

く
クモ膜下出血　71
グリーフケア　198

け
ケアプラン　210
軽費老人ホーム　38
ケースワーク　155
限界費用　137, 139, 140, 142, 143

索引　227

限界便益　137, 139, 140, 142
権利擁護事業　53

こ

厚生関数　136, 138, 141
行動分析　153
行動変容技術　147, 155, 156
行動療法　156
行動理論　155
高齢者介護施設（EHPAD）　212
高齢者施設（EHPA）　212
誤嚥性肺炎　78
国民医療費　14
個別自立手当（APA）　208

さ

サービス付き高齢者向け住宅　39
在宅維持　205
在宅 APA　210
在宅看護サービス（SSIAD）　205

し

刺激統制　156
死後ケア　167
施設 APA　212
シチズンシップコミュニティ　80
シテイズンシップ　217
シナジー効果　101
社会生活介護士　214
社会的入院　120
社会福祉士および介護福祉士法　122
社会福祉協議会　67, 70
社会福祉士　123
社会福祉法人　99
シャント閉塞　73
受任アソシアシオン　206, 211
準市場　112
小規模多機能型居宅介護　37
初級システムアドミニストレーター試験　86

す

スピリチュアルケア　179
スピリチュアルペイン　179

せ

正の強化技法　156
セルフ・ネグレクト　26, 62

そ

総合相談・支援事業　53
ソーシャルワーカー　78
ソフトな予算制約の概念　133

た

ターミナル期　69
ターミナルケア　162
団塊の世代　65

ち

地域高齢者支援情報センター（CLIC）　219
地域支援事業　22
地域包括ケア　22, 52
地域包括ケアシステム　29
地域包括支援センター　22
地域密着型サービス　22
チームアプローチ　169
仲介アソシアシオン　206, 211
長期滞在療養ユニット（USLD）　212

て

提供アソシアシオン　205, 211, 219
デイサービスセンター　154
データマイニング　89

と

読唇術　71
特定非営利活動促進法　101

に

ニュメレール財　135

認知症対応型共同生活　37

ね
ネットワーク型組織　87

は
バカロレア　216
ハンディキャップト　79

ひ
比較静学分析　142
便益増加分（限界便益）　136

ふ
ファシリテーター　79
フォローアップ　156
福祉競争　132

ほ
包括的・継続的ケアマネジメント支援事業　53
ホームヘルパー　67, 147, 148, 151, 152, 153, 154, 155
補助金関数　141
ホスピス　173
ホスピスケア　162

み
民生委員　75

や
夜間せん妄　73

ゆ
ユーザーモデル　91
有料老人ホーム　38
ユニットケア　41
ユマニチュード　216, 217, 218, 219

よ
要介護度 Girl　208
養護老人ホーム　38
予算制約式　135, 136, 138

ら
ライフステージ　203, 204
ラロック報告書　204

り
リスクマネジメント　41
リビングウイル　163

ろ
老老介護　66, 67, 68, 72, 74

執筆者一覧

三原 博光（みはら ひろみつ）	県立広島大学教授	……………監修者として 10章
原田由美子（はらだ ゆみこ）	京都女子大学准教授	………………… はじめに 2章
武田英樹（たけだ ひでき）	美作大学准教授	…………………………… 1章
矢野明宏（やの あきひろ）	武蔵野大学准教授	…………………………… 3章
新井康友（あらい やすとも）	中部学院大学准教授	………… 4章 おわりに
大内 隆（おおうち たかし）	大垣女子短期大学准教授	……………… 5章
染しおり（そめ しおり）	長崎大学病院副看護師長 ………………	5章
佐々木直樹（ささき なおき）	倉敷芸術科学大学／岡山商科大学非常勤講師 ……	6章
宣 賢奎（そん ひょんぎゅ）	共栄大学教授 ……………………………	7章
田中裕美子（たなか ゆみこ）	下関市立大学准教授 ……………………	8章
大野正久（おおの ただひさ）	熊本大学准教授 …………………………	9章
田中愛子（たなか あいこ）	山口県立大学教授 ……………………11章-1,2
小野芳子（おの よしこ）	山口赤十字病院看護師長 ……………11章-3
宮本 環（みやもと たまき）	特別養護老人ホーム小郡山手一番館看護主任……11章-4
原田典子（はらだ のりこ）	原田訪問看護センター代表 ……………11章-5
原田康美（はらだ やすみ）	東日本国際大学教授……………………… 12章

監修者略歴

三原博光（みはら ひろみつ）

県立広島大学人間福祉学科教授、社会福祉学専攻、関西学院大学大学院社会学研究科博士課程後期課程修了、ドイツ・ハノーバー大学特殊教育学部留学（ロータリー財団奨学生）、ドイツ・ケルン大学特殊教育学部留学（日本学術振興会）、日独友好賞授与　医療福祉学博士

主な著書：「豊かな老後生活を目指した高齢者介護支援」編者（関西学院大学出版会）「日本の社会福祉の現状と展望」編者（岩崎学術出版社）、「認知症高齢者の理解と援助」共著（学苑社）、「行動変容アプローチによる問題解決実践事例」単著（学苑社）、「介護と国際化」単著（学苑社）、「障害者ときょうだい」単著（学苑社）、「社会福祉援助技術」編者（メヂカルフレンド社）、「介護概論」共著（メヂカルフレンド社）、「世界の社会福祉　ドイツ・オランダ」共著（旬報社）、「ソーシャルワーク理論を学ぶ人のために」共著（世界思想社）、「エンパワメント実践の理論と技法」共著（中央法規出版）、「医療福祉の分野と実践」共著（中央法規出版）他

主な訳書：「ドイツのソーシャルワーク」単訳（相川書房）、「ドイツの障害児家族と福祉」単訳（相川書房）、「ドイツにおける精神遅滞者への治療理論と方法」単訳（岩崎学術出版社）、「自傷行動の理解と治療」単訳（岩崎学術出版社）他

編著者略歴

新井康友（あらい やすとも）
中部学院大学人間福祉学部准教授、立命館大学大学院社会学研究科博士課程後期課程満期退学、修士（社会学）、社会福祉士、介護福祉士

主な著書：『社会的孤立問題への挑戦』共著（法律文化社）、『日本の社会福祉の現状と展望』共著（岩崎学術出版社）、『老人ケアのなかの家族支援』共著（ミネルヴァ書房）他

原田由美子（はらだ ゆみこ）
川崎医療短期大学介護福祉科、梅花女子大学現代人間学部人間福祉学科を経て京都女子大学家政学部生活福祉学科准教授、特定非営利活動法人ふるさと倉敷理事長、立命館大学大学院社会学研究科博士課程前期課程修了

主な著書：『高齢者ケアの設計』共著（中央法規）、『ホームヘルプの公的責任を考える』共著（あけび書房）、『現代社会の福祉諸問題』共著（晃洋書房）、『介護保険時代の介護福祉研究』共著（大学教育出版）他

超高齢社会における高齢者介護支援

2015年2月10日初版第一刷発行

監修者　三原博光
編著者　新井康友・原田由美子

発行者　田中きく代
発行所　関西学院大学出版会
所在地　〒662-0891
　　　　兵庫県西宮市上ケ原一番町1-155
電　話　0798-53-7002

印　刷　株式会社クイックス

©2015 Hiromitsu Mihara Yasutomo Arai and Yumiko Harada
Printed in Japan by Kwansei Gakuin University Press
ISBN 978-4-86283-181-1
乱丁・落丁本はお取り替えいたします。
本書の全部または一部を無断で複写・複製することを禁じます。